SOUVENIRS
ANECDOTIQUES
D'UN OFFICIER
DE LA
GRANDE ARMÉE.

DE L'IMPRIMERIE DE LACHEVARDIERE,
RUE DU COLOMBIER, N° 30, A PARIS.

SOUVENIRS ANECDOTIQUES

D'UN OFFICIER

DE

LA GRANDE ARMÉE.

Par M. C. Montigny.

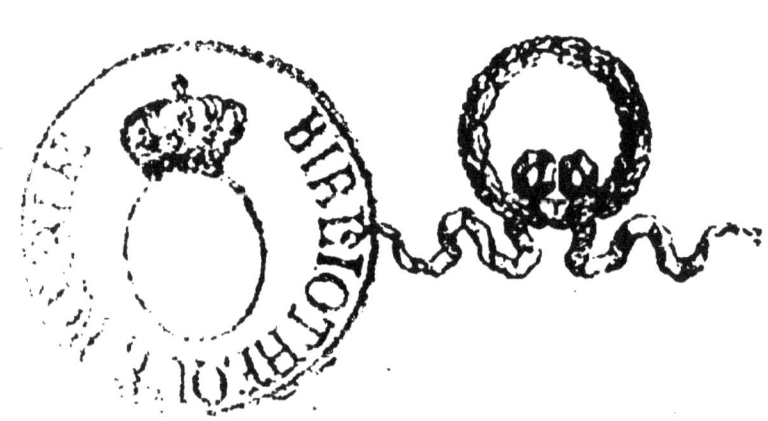

PARIS.

LIBRAIRIE DE CHARLES GOSSELIN,
RUE SAINT-GERMAIN-DES-PRÉS, N° 9.

1833.

A Son Altesse Royale

𝔐onseigneur le 𝔇uc d'𝔒rléans.

*

Mon Prince,

Soldat d'une armée qui a foi en vous, qui croit à vos destinées, à la gloire de la France, aux solennels engagemens de votre auguste père, et qui vit de passé après avoir glorieusement arrhé l'avenir dans une occasion encore récente, je crois ne pouvoir mieux faire que de placer ce livre, adressé particulièrement à mes frères d'armes, sous la protection d'un nom qui leur est cher, et qui doit le leur devenir davantage encore avec le temps.

Je vous supplie de l'accueillir avec bonté, et de me croire,

Mon Prince,

Votre très humble, très obéissant, et tout dévoué serviteur,

Louis MONTIGNY.

24 décembre 1832. Hoboken près d'Anvers.

EXPLIQUONS-NOUS.

*

Le récit des brillans exploits de nos armées, de ces combats de géans, qui attendent encore un Homère, a si souvent été mis sous nos propres yeux; si souvent aussi, pendant une période de quinze ans, des Français ont dit aux Français, « Vous êtes le peuple le plus brave de la terre, » qu'on a, pour ainsi dire, enseveli la France dans ses lauriers, et que notre vieille gloire s'est trouvée à la fin comme enfoncée sous une épaisse couche de ridicule.

Après nous être donné jusqu'à satiété à

nous-mêmes et nous-mêmes de l'encensoir par le nez, en présence de l'occupation étrangère, nous nous sommes bravement jetés dans un contraire excès ; nous n'avons rien trouvé de mieux à faire que de nous moquer de nous, *in presenza nostra,* comme dit quelque part l'Arlequin de la comédie italienne, et nous avons créé les personnages de *Jean-Jean* et de *Chauvin*, dont les modèles ont, dieu merci, tout-à-fait cessé d'être vrais dans notre jeune armée (1).

En voulant écrire encore sur nos admirables campagnes, on avait donc deux écueils à éviter.

Aussi ne sont-ce pas de nouvelles cassolettes que l'on prétend faire fumer sous le nez de nos vieux guerriers. Moins encore a-t-on eu l'indigne idée de déprécier leurs hauts faits. A Dieu ne plaise !

(1) Je n'en veux pour preuve que la noble attitude de tous nos soldats sous le canon de la citadelle d'Anvers.

Qu'a-t-on donc entrepris ?

D'émouvoir quelquefois, et surtout d'amuser, d'intéresser, d'ajouter des faits nouveaux à des faits déjà publiés. La Fontaine a dit quelque part :

> Quiconque a beaucoup vu
> Peut avoir beaucoup retenu.

L'auteur raconte des faits où il a figuré comme acteur ou comme témoin, et il les raconte sans partialité, sans passion, avec le désir d'être vrai, quelquefois peut-être au risque de déplaire, mais jamais dans l'intention de nuire ou d'attaquer de hautes réputations qu'un quart de siècle au moins a consacrées.

Exempt de toute prétention, nous devons convenir que ce livre est de peu de portée ; en quelques endroits il pourra même paraître futile : il vient d'être dit qu'on voulait émouvoir, et surtout amuser. L'auteur s'est d'ailleurs proposé un but qu'il voudrait bien avoir atteint.

La plupart de nos historiens militaires, soit qu'ils aient ou non assisté au spectacle de ce qu'ils rapportent, n'ont cherché qu'à faire de la science. En est-il un seul qui ait songé à autre chose qu'à expliquer pourquoi telle bataille fut gagnée ou perdue, à entasser des dates, et à énumérer nos pertes ou celles de l'ennemi? C'est à peine si, au milieu de ces longs récits de combats, vous rencontrez un de ces traits de la vie privée des militaires, une de ces actions d'homme qui reposent un peu des arides détails stratégiques, et de l'assommante monotonie des noms de villes ou de lieux.

Ce qu'on a essayé de faire, ce sera, si l'on veut, de l'histoire en déshabillé; ou bien la petite pièce après la tragédie; ou encore, tout simplement, un recueil de scènes, de récits, d'anecdotes militaires.

Ce sera tout ce qu'on voudra, excepté des mensonges.

Encore un mot.

Cet ouvrage allait être publié, lorsque l'auteur, qui sert dans les rangs de l'armée, dut partir précipitamment pour se rendre à son poste, au siége de la citadelle d'Anvers. La lecture des épreuves, confiée à un homme de lettres de ses amis, ne fut qu'un instant suspendue : grâce à la bonne volonté et au goût éprouvé de cet ami, l'ouvrage a gagné en correction ce qu'un retard pouvait lui faire perdre. Depuis, les soins à donner à une blessure reçue à la prise du fort Saint-Laurent, ayant laissé à l'auteur quelques loisirs forcés, il a eu l'idée d'ajouter à son recueil, qui, dans le principe, ne devait présenter que les faits militaires du temps de l'empire et DE LA GRANDE ARMÉE, un chapitre où il essaierait de tracer une esquisse des travaux de cette récente et belle opération militaire; et sans sortir du cadre où il a voulu se renfermer, de montrer le courage héroïque et la patience qu'a déployés l'armée d'expédition.

Il est superflu de dire qu'on n'a point eu la prétention de faire le journal du siége. Assez de détails ont été livrés à la curiosité publique par les journaux et les bulletins si remplis d'une noble simplicité qu'adressait le maréchal Gérard au président du conseil. On n'a voulu que donner aux personnes du monde un aperçu de ce genre de guerre, en leur parlant une langue qu'ils puissent comprendre. Seulement, l'auteur tient à honneur de démontrer que notre jeune et belle armée possède au plus haut degré toutes les vertus de l'ancienne, plus les qualités trop long-temps ignorées parmi nous qui distinguent les soldats-citoyens.

SOUVENIRS ANECDOTIQUES

D'UN OFFICIER

DE LA

GRANDE ARMÉE.

LE CAMP DE BRUGES.

Le Camp de Bruges.

*

Sic transit...

Le camp de Boulogne a long-temps occupé la France et l'étranger; il fut justement célèbre en 1804, autant par le nombre et la beauté des troupes qui s'y trouvaient réunies, que par les fréquens séjours qu'y fit Napoléon. On se souvient que ce fut là qu'eut lieu l'imposante cérémonie de la distribution des premières croix de la Légion-d'Honneur.

Trois autres camps, ceux d'Ambleteuse, de Dunkerque et de Bruges, se partageaient l'attention de Napoléon; ce dernier recevait de nombreuses marques de sa prédilection. C'était, après celui de Boulogne, le plus nombreux et le plus beau.

Je ne sais pourquoi le nom de *Camp de Bruges* lui avait été donné, car il était assis aux portes d'Ostende (1).

Cette grande agglomération de troupes se trouvait divisée en deux parties égales, qu'on désignait sous les noms de *camp de droite*, et de *camp de gauche*, à cause de leur position relativement à la ville.

Ce furent les troupes du camp de Bruges, où figuraient les 48e, 51e, 61e, 108e et 111e de

(1) Bruges n'est qu'à quatre lieues d'Ostende, et c'est peut-être à cause du voisinage de cette ville, plus importante, qu'il avait été ainsi nommé.

ligne, et les 13e et 21e régimens d'infanterie légère, qui composaient l'illustre premier corps d'armée, commandé par Davoust, depuis duc d'Auerstaed et prince d'Eckmülh, et qui combattit victorieusement dans tant de batailles.

Ostende, dont les fortifications ont été depuis singulièrement augmentées par le duc de Wellington, le Vauban des ennemis de la France, est non seulement une triste ville, mais encore une ville triste. La présence de trente mille soldats français, sans compter des myriades d'employés de toute espèce et un très grand nombre de marins embarqués sur les bâtimens de la flottille impériale, ne suffisait pas pour l'égayer quelque peu. Les amateurs des plaisirs délicats se voyaient dans la fâcheuse obligation de faire le voyage de Bruges, où tout se payait au poids de l'or, chaque fois qu'ils voulaient échapper pour quelques instans à l'ennui qui les assiégeait en ville.

Chacun des deux camps obéissait à un général de division : celui de droite était commandé par le général Friand, et celui de gauche par Oudinot, actuellement maréchal de France et duc de Reggio. L'armée avait pour chef d'état-major le général Matthieu Dumas, qui préside encore aujourd'hui une des sections du conseil d'état au département de la guerre. Dans le nombre des officiers de l'état-major on distinguait MM. Bourke, déjà officier supérieur, les capitaines Bory de Saint-Vincent, Desperamons et Trobriant; et cet infortuné Bonnaire, depuis général de brigade, que la restauration crut *dégrader* sur la place Vendôme, lors de la réaction qui suivit les cent jours et le désastre de Waterloo, et qu'elle ne fit que grandir encore.

Là était aussi M. Etienne, qui depuis s'est fait un nom célèbre à plus d'un droit, et qui compte aujourd'hui parmi nos immortels de l'Académie et de la Chambre des députés. Il n'était que simple employé dans l'administration des fourrages.

L'empereur faisait de fréquens voyages à Ostende, dont il appréciait toute l'importance politique; chaque voyage donnait lieu à des réjouissances. Dans une de ces solennités militaires M. Etienne fit jouer un modeste vaudeville qui, sous le titre des *Petits bateaux*, faisait allusion à la flottille et aux projets de descente, et qu'on représenta devant l'empereur. Il est permis de croire que la fortune littéraire et politique du spirituel auteur de *Joconde* et des *Lettres sur Paris* date de cette époque.

Une partie très considérable de la flottille se trouvait réunie dans le port d'Ostende; il y eut même un moment où le contingent en bateaux armés de la Hollande (qu'on appelait alors *la république Batave*), s'y joignit à nos forces maritimes, et dut concourir à la descente en Angleterre. Les bâtimens qui la composaient, désarmés et dégréés, après que Napoléon annonça hautement qu'il renonçait à une entreprise à laquelle beaucoup de gens croient qu'il n'a jamais pensé sérieusement, finirent par pourrir avec une infinité d'autres dans le port. Ce contingent hollandais était sous les ordres de l'amiral hollandais Werhuell, qui, je crois, figure encore parmi les notabilités de notre Chambre des pairs.

La prodigieuse activité de l'empereur trouvait un vif aliment à Ostende; chaque fois qu'il y venait, il visitait, dans le plus grand détail, et les fortifications, et les établissemens militaires; souvent il avait à peine eu le temps de descendre de voiture, que déjà il était à cheval ou en mer. Il fallait voir le ministre de la marine Decrès, chargé d'embonpoint, et cependant obligé de le suivre partout à pied, n'arrivant jamais qu'après lui, et suant sang et eau pour se trouver au *Musoir* (1), par exemple, précisément à l'instant où l'empereur en partait.

Ce fut en vue des remparts d'Ostende qu'eut lieu le combat des prames les *Villes d'Anvers et de Bruxelles*, où le lieutenant de vaisseau Dutaillis, qui les commandait en chef, obtint le grade de capitaine de frégate en récompense de sa belle conduite. Ces deux prames soutinrent le feu de tous les bâtimens, grands et petits, de la croisière anglaise avec un courage opiniâtre, et ripostèrent avec avantage. Beaucoup de marins et de soldats furent tués à bord. Un détachement du 7ᵉ régiment de hussards, em-

(1) Le Musoir est un fort bâti sur pilotis, qui défendait alors l'entrée du port d'Ostende.

barqué sur ces batteries flottantes (1), voyant que les gargousses manquaient pour le service des pièces, et n'entendant pas s'avouer vaincus, et se rendre, donnèrent aux canonniers leurs pantalons rouges d'uniforme.

Le coup d'œil de chacun des deux camps était admirable; on venait de fort loin pour les voir. Chaque régiment cherchait à surpasser son voisin dans la construction des baraques, leur luxe intérieur et le choix des embellissemens. Il y eut des chefs de corps et des officiers supérieurs qui s'y ruinèrent, ou s'y endettèrent pour long-temps. Les soldats, qui n'ont pas d'argent à perdre, ne dépensaient que leur industrie; mais on peut dire qu'ils s'en montraient prodigues. On ne voyait partout qu'obélisques, statues, bassins et jets d'eau; notez que chaque

(1) Elles portaient treize pièces de canon de vingt-quatre.

camp était établi sur le sable des dunes.

La réunion sur un même point d'un nombre aussi considérable d'officiers de tous grades, presque désœuvrés, et qui cependant avaient à dépenser leurs appointemens et des gratifications, donna lieu aux plus folles dépenses, et même à quelques malheurs particuliers. Il y eut des duels et des suicides. On jouait un jeu terrible, un jeu d'enfer, dans deux cafés situés sur la place d'Armes, et qui étaient le rendez-vous général des officiers de terre et de mer.

On y jouait jour et nuit, sans jamais arrêter. Les ordres du jour, les défenses écrites et verbales, les menaces d'arrêt et de perte de grade, tout était superflu : des banques de pharaon, de vingt-un, s'établissaient au grenier, et jusque dans les caves de ces deux cafés. Publiquement on jouait la bouillote et l'impériale; et, comme on n'osait pas montrer beaucoup d'argent, on se servait de signes de convention : une bouteille de bière ou une demi-tasse signifiait vingt, quarante, ou même cent francs ; on s'entr'égorgeait de sang-froid et le plus agréablement du monde, le tout par oisiveté.

De nombreux escrocs, attirés par l'espoir d'un gain facile, arrivaient de Paris, revêtus du costume brodé de l'employé d'un service quelconque, ou même sous le frac de l'officier, et levaient d'énormes contributions sur les dupes. Informé de ces déportemens, l'empereur crut devoir intervenir ; mais l'habitude, la cupidité l'emportèrent sur sa volonté toute-puissante ; on fut obligé de fermer les yeux. Un décret impérial n'aurait peut-être pas été écouté ; les joueurs n'en auraient tenu compte.

Lors de la formation du camp de Bruges (en 1802 ou 1803), Napoléon n'était encore que premier consul. Quand il prétendit à la dignité impériale, la nation ne fut pas seule consultée; on ouvrit, dans tous les corps de l'armée des registres sur lesquels chaque officier devait donner son avis sur l'intronisation du vainqueur de l'Italie. L'immense majorité se prononça en sa faveur ; ce n'est jamais dans les rangs de l'armée qu'il faut s'attendre à trouver une masse compacte d'opinions indépendantes; si l'armée se croyait appelée à délibérer, tout serait fini. Cependant de nombreux dissidens, des partisans enthousiastes de Moreau, ne craignirent pas de protester, d'émettre hautement un avis contraire. Et d'abord cela donna lieu à des discussions, à des schismes, voire même à des querelles qui se terminèrent l'épée à la main.

Des officiers supérieurs perdirent leurs épaulettes, et le fruit d'anciens et bons services ; s'il faut même en croire un bruit qui courut, quelques uns, les plus mutins sans doute, ou les plus imprudens, disparurent

2

de leurs corps, et terminèrent leur vie entre quatre murailles. Je n'admets ce bruit qu'avec une grande réserve, et je m'empresse d'ajouter qu'il ne repose, à ma connaissance, sur aucun fait patent.

Un nombre assez considérable de ceux qui s'étaient crus en droit de protester, mais qui le firent avec dignité, furent seulement pendant un certain temps en disgrâce, et rentrèrent plus ou moins promptement en faveur. Napoléon, qui sut toujours apprécier la noblesse du caractère français, comprenait très bien qu'il n'avait aucune trahison à redouter des militaires, et qu'au jour du danger tous obéiraient à la voix de l'honneur. Un évènement affreux, et qui donna lieu à un admirable trait de dévouement, eut lieu pendant le séjour des troupes françaises à Ostende. Il fallait, pour arriver à l'un des deux camps, situés, comme je l'ai dit plus haut, dans les dunes, traverser une espèce de chenal où l'eau s'élevait à une grande hauteur quand la marée était pleine. Un bac servait au passage, et ses dimensions étaient plus que suffisantes en temps ordinaire. Un matin, des détachemens considérables d'hommes de corvée revenaient de la distribution du pain, qui se faisait en ville ; les soldats, pour le plus grand nombre, pris d'eau-de-vie, s'étaient jetés pêle-mêle, et sans précaution, dans le bac ; deux ou trois marins qui le manœuvraient s'apercevant qu'il penchait d'un côté, ou en terme de marine, « qu'il donnait *à la bande*, » en avertirent précipitamment les militaires ; ceux-ci, plus précipitamment encore, se jetèrent du côté opposé ; le bac chavira, et fut immédiatement submergé, avec tout ce qui se trouvait à bord. De deux cents soldats, ou environ, qu'il contenait, la moitié au moins perdit la vie, et la mer ne rendit sa proie que le lendemain à la marée basse.

Un nègre, fort habile nageur, qui servait

comme musicien dans un des régimens, s'était promptement tiré d'affaire. Méprisant le danger auquel il s'exposait en retournant au milieu de ses camarades qui se noyaient, il en avait successivement ramené sept à terre. Épuisé, conservant plus de courage que de forces, et n'écoutant rien, ce brave jeune homme plonge une huitième fois; il est saisi par une jambe, et perd la vie avec le malheureux qui s'était cramponné à lui.

LES DEUX CONSCRITS.

Les Deux conscrits.

*

Tout chemin mène à Rome..., ou ailleurs.

La conscription, qui n'épargnait personne, comme on sait, excepté tous les fils de sénateurs, tous les fils de généraux, tous les fils de magistrats, tous les fils de conseillers d'État et de préfets, tous les fils de courtisans et de valets de chambre, et tous les frères de lait, et tous les cousins et alliés de tous ces fils-là, avait atteint deux enfans de Paris, voisins, amis d'école, et même un peu parens.

C'était à la fin de 1805, pendant que Napoléon écrasait encore une fois ses ennemis à Austerlitz.

Le tirage avait eu lieu à l'Hôtel-de-Ville, en présence du préfet de la Seine et des gendarmes. Nos deux amis, Pierre et Alfred, avaient eu la maladresse de prendre chacun un de ces billets qui ne laissent aucun doute sur les résultats : ils étaient, comme on disait alors, « *tombés* à la conscription. »

Cette année-là, les douze arrondissemens de la seule ville de Paris fournissaient quinze cents jeunes gens. C'était un contingent assez joli. Napoléon ne se lassait pas de nous prendre nos enfans ; on ne s'est pas lassé depuis de fouiller dans nos poches ; l'or a racheté le sang.

Les conscrits désignés par le sort devaient être dirigés sur divers régimens, selon la force apparente de leur tempérament et leur taille; et l'on avait décidé que le travail de répartition se ferait à la caserne de l'*Ave Maria*, qui n'était alors occupée que par quelques compagnies de vétérans.

Un beau matin donc, peu de jours après l'opération du tirage, nos quinze cents futurs maréchaux de France avaient été convoqués pour huit heures du matin. Peu faits encore à l'exactitude militaire, ils ne s'étaient pas pressés; et à dix heures, c'est à peine si l'on en comptait deux cents dans la vaste cour.

Vers midi cependant ils arrivèrent, escortés, selon l'usage, de leurs parens, amis et connaissances.

Cinq ou six employés du bureau de recrutement, armés d'énormes contrôles provisoires, et montés sur des tables qu'on avait dressées en plein air, eurent alors l'ingénieuse idée de procéder à un appel nominal. Figurez-vous de cinq à six mille personnes, dont le plus grand nombre avait déjeûné deux ou trois fois, en attendant la grande opération, et qui toutes avaient fait de longues stations chez les marchands de vin ou dans les cafés du voisinage : c'était un bruit à ne pas entendre les pièces d'une batterie de vingt-quatre faisant feu toutes à la fois.

Cependant on procède à l'appel; et quand on demande Jacques, c'est Jean qui répond; ainsi de suite.

Les employés, qu'assistaient cependant quelques sous-officiers et caporaux attachés au recrutement, ayant mille fois réclamé en vain un silence que personne ne se croyait obligé de garder, commencèrent à comprendre qu'ils cherchaient la pierre philosophale.

On fit venir une compagnie de vétérans qui se détacha par petits pelotons pour faire la police; puis une autre compagnie, puis deux, qui échouèrent complètement dans la mission qui leur était confiée.

Alors un des officiers se fâcha, monta sur une table; et, d'une voix qu'il essayait de rendre menaçante, il admonesta les quinze cents jeunes gens, qui lui répondirent par quinze cents éclats de rire, sans compter ceux des auxiliaires.

Alors il les menaça de toute sa colère, et, au besoin, de celle d'un général qu'on tenait probablement en réserve sous la main.

Et les éclats de joie, qui s'étaient apaisés, recommencèrent comme de plus belle.

Et quelques instans après, il vint effectivement un officier-général en grande tenue, ma foi; chapeau galonné, et, comme disent les marins, *brassé carré*, c'est-à-dire placé de manière que les deux cornes latérales formaient une parallèle avec ses épaules.

On lui donna l'imprudent conseil de monter sur une des tables qui dominait les autres, et de haranguer, de là, les mutins.

Pour son malheur, il suivit ce conseil. Il

faut savoir qu'à cette époque de guerres continuelles, les casernes de Paris n'étaient pas, comme à présent, constamment occupées par des régimens au grand complet; nos soldats avaient fort à faire à l'extérieur; aussi l'herbe poussait-elle abondamment dans la caserne de l'*Ave Maria*.

En un clin d'œil, les factieux virent tout le parti que l'on pouvait tirer de mottes de gazon adroitement enlevées, à l'aide de couteaux, dans les interstices des pavés.

La cour fut sur-le-champ nettoyée.

Dès que le général ouvrit la bouche pour pérorer, le feu d'une artillerie singulièrement nourrie et bien dirigée, fit taire son éloquence, et le réduisit *subito* à l'inaction : une première motte dérangea son système de coiffure, une seconde lui boucha l'œil droit, une troisième l'atteignit à la partie inférieure de l'abdomen ; et le vieux guerrier (car il portait des cheveux blancs que ne respectait nullement cette tourbe indisciplinée), le vieux guerrier sentit que, dans l'intérêt même de sa gravité, le plus sage était de faire retraite.

Il descendit donc de la table où il s'était juché ; mais, imitant les Parthes qui lançaient des traits en se retirant, il donna, tout bas, en gagnant un corps-de-logis voisin, l'ordre aux vétérans de croiser la baïonnette et de faire évacuer la cour. Dès lors on ne le revit plus ; et, sans doute, il s'en fut rendre compte au gouverneur de Paris (c'était alors le général de division Hulin) de l'heureuse issue de sa mission de paix.

Huit jours après, les quinze cents artilleurs improvisés, qui avaient très bien compris que l'autorité militaire, toute sévère qu'elle était alors, ne pouvait que les obliger à rejoindre un des corps de l'armée pour y servir comme soldats, les quinze cents artilleurs, dis-je, qui d'ailleurs ne pouvaient plus compter sur les munitions de la cour, qu'ils avaient épuisées, reçurent l'ordre impératif de se rendre une seconde fois à l'*Ave Maria*, à six heures du matin, le sac au dos.

Cette fois, l'ordre portait que c'était pour quitter la capitale et rejoindre les corps qui leur seraient désignés; et qu'à défaut, ceux qui manqueraient à l'appel seraient conduits au régiment de brigade en brigade. La famille devait en outre être exposée à la désobligeante visite des garnisaires.

Tout le monde fut présent.

Nos deux jeunes amis, Alfred et Pierre, s'étaient trouvés, bien entendu, à l'affaire des mottes de gazon; mais chacun y avait joué un rôle qui le caractérisait. Le premier, Alfred, étourdi, bavard, grand diseur de faribolas et de calembourgs; qui aurait tout sacrifié au plaisir de faire un bon mot ou de provoquer le rire, s'était distingué parmi les plus mutins, et se vantait de ses prouesses. Le second, Pierre, calme, posé, d'un sens droit, mais sans prétention aucune à l'esprit, aimant surtout l'obéissance et l'ordre, avait pris le parti d'une stricte neutralité, et s'était rangé dans un coin de la cour pour juger les coups.

Il y avait dans la conduite que chacun avait tenue comme un pronostic de ce qui les attendait dans la carrière où ils allaient débuter.

Le hasard les envoyait tous deux dans le 9ᵉ régiment de ligne, alors en Italie, à Vérone (1). Ils n'avaient pas moins de quatre cents lieues à faire pour se rendre à cette destination; et les étapes de la Bourgogne, qu'on traverse pour se rendre à Turin, par Lyon et Chambéry, sont d'une longueur mortelle. Le début n'était pas des plus doux.

(1) Ce régiment, alors presque en entier composé de jeunes parisiens, possédait dans son sein une troupe de comédiens, qui donnaient des représentations partout où se trouvait le corps. Un fourgon suivait, sur lequel on lisait : *Fourgon de comédie.*

Chaque conscrit devait avoir son havresac; mais Alfred, qui trouvait ridicule encore plus qu'incommode de porter le sien, s'était arrangé avec un des caporaux de l'escorte : celui-ci, moyennant un déjeûner qu'on lui avait préalablement payé, et un dîner qu'on lui promettait, avait autorisé Alfred à mettre son sac sur les voitures d'équipage du détachement. Notez que cette protection, si chèrement achetée, était inutile.

Pierre, au contraire, comprenant qu'il devait s'accoutumer à la fatigue, avait gardé le sien; et les bretelles d'un *ridicule*, bien garni de tout ce qui pouvait lui devenir utile par les chemins, lui coupaient les deux épaules.

Il vivait, en route, avec la plus stricte économie, ne se refusant toutefois que le superflu.

Alfred entrait dans les meilleures auberges, dînait à table d'hôte, visitait tous les cafés, jouait chaque soir au billard jusqu'à minuit au lieu de s'aller reposer à son logement ; et le lendemain il avait peine à se tenir sur ses jambes.

Toute la route se fit ainsi ; Pierre s'endurcissant à la fatigue ; Alfred devenant maigre et chétif, et ne pouvant faire deux lieues sans gagner des ampoules.

A Lyon, les deux amis se séparèrent ; car il fallut qu'Alfred entrât à l'hôpital : Pierre poursuivit sa route après avoir laissé à son ami une partie des économies qu'il avait faites, mais déjà marcheur et à moitié consolé de ses peines.

A Turin, où les conscrits s'arrêtèrent quelques jours pour prendre un peu de repos, Alfred rejoignit Pierre avec une fièvre d'hôpital qui le minait.

Le détachement fit un jour son entrée à Vérone en bon ordre, et présentant un nombre de recrues égal à celui des dépôts de Paris. Pierre figurait au premier rang, plein de santé, et Alfred arrivait malade sur les voitures.

A peine avaient-ils été installés dans leur compagnie respective, qu'il fallut commencer les exercices ; comme on était pressé de changer les recrues en soldats, ceux-ci passaient six heures au moins par jour à faire *tête droite et tête gauche.* Quand on leur donna un fusil, Alfred, ennuyé, prit un instructeur particulier qu'il devait payer chèrement et désaltérer. Pierre, mêlé aux autres conscrits, mais rempli de bonne volonté, fut bientôt distingué par ses chefs.

Au bout d'un mois, Pierre savait parfaitement tout ce qu'on pouvait lui montrer, et Alfred avait appris à boire dix verres d'eau-de-vie par jour.

Pierre fut fait caporal; Alfred aurait cru déroger en acceptant ce grade; il travaillait chez le quartier-maître, et ne montait pas la garde.

On forma des détachemens pour rejoindre

les bataillons de guerre qui se trouvaient plus loin devant l'ennemi. Pierre en fit partie. Alfred dut rester au dépôt, parce que, dans une partie de plaisir, il avait gagné la *honteuse*.

Deux ans plus tard, Pierre était sergent-major dans une compagnie d'élite, et s'était plusieurs fois distingué.

Alfred, qui possédait des talens agréables, qui pouvait, qui devait arriver à tout, servait de secrétaire au major du régiment.

A peu de distance de là, Pierre fut fait officier. Alfred, qui avait enfin senti qu'il fallait, pour avancer, se tirer des bureaux, était devenu sergent, puis adjudant, mais toujours au dépôt du corps ; et un jour, à la suite d'une *bamboche*, on l'avait cassé de son grade, et il s'était réfugié chez un inspecteur aux revues, où il était commis aux écritures.

Quatre ans après, Pierre était devenu capitaine, et il avait reçu la croix sur un champ de bataille.

Alfred avait obtenu son congé définitif pour cause d'infirmités. L'administration des hôpitaux, qui lui avait reconnu des talens comme administrateur, se l'était attaché ; mais son inconduite mettait à chaque instant obstacle à l'avancement qu'on aurait voulu lui donner.

En 1815, au retour de Waterloo, j'eus occasion de voir l'un et l'autre. Pierre était chef de bataillon et officier de la légion-d'honneur ; Alfred travaillait à l'état-major de la place de Paris, où il gagnait quarante francs par mois, et comptait comme caporal dans un des corps de la garnison.

MLADA LA MORLAQUINE.

Mlada la Morlaquine.

*

> Petit poisson deviendra grand,
> Pourvu que Dieu lui prête vie.

En jetant les yeux avec attention sur la carte d'Europe, et remontant le golfe Adriatique au-delà de Trieste, un peu plus loin que l'Istrie, au point où commence la Dalmatie, et vis-à-vis les îles de la Brazza, Lesina et Curzola, lieux singuliers, pittoresques, qu'explorèrent les troupes françaises de 1806 à 1814, on aperçoit un petit port appelé Almissa, qui compte trois ou quatre douzaines de maisons et plusieurs centaines d'habitans adonnés à la pêche ou à la culture de la vigne et de l'olivier.

A l'époque où ce coin presque ignoré du globe était occupé par nos soldats, en même temps qu'une assez jolie collection de capitales, un des régimens de l'armée dite de Dalmatie, réparti sur tous les points vulnérables de la côte, fournissait un détachement d'une compagnie à Almissa. Ce poste écarté, ce lieu d'exil (car c'était bien l'endroit le plus triste et le plus sauvage de la Dalmatie, où ne manquent point les endroits tristes et sauvages), n'offrant nulle ressource, on n'y laissait qu'un mois chacun des détachemens qui le gardaient. Le service y était plutôt fastidieux que pénible; une fois que les militaires qui y végétaient avaient fini leur temps de garde, qu'ils avaient pris leur modeste repas, modeste même pour des soldats, ils ne savaient, comme on dit, à quel saint se vouer.

L'ennui les dévorait, les minait, les tuait vifs. Que faire? A cinquante pas des habitations commençaient les rochers. A qui parler? Les habitans n'entendaient même pas l'italien de Venise, que partout ailleurs, ou presque partout sur le littoral, on parle avec la langue illyrique. Rien de moins communicatif d'ailleurs qu'un Dalmate proprement dit, et l'on sait que la confiance s'établit difficilement entre des troupes d'occupation et les indigènes, que cependant elles ont mission de protéger.

Une fois par semaine, c'était, je crois, le samedi, quelques Morlaques, hommes, femmes et enfans, descendaient de leurs montagnes, une charge de bois sur le dos, et venaient commercer de cette marchandise, assez rare dans tout le pays, au meilleur taux possible, et toujours avec l'intention de tromper les acheteurs. Tant que durait cette espèce de marché, où il se vendait aussi quelques douzaines d'œufs que les femmes morlaques *couvent*, pour ainsi dire, en les plaçant mystérieusement entre la chemise et le corps, dans un lieu que le corset ne garantit pas, la garnison, pour qui la moindre chose était un spectacle, se mêlait à la population, et tâchait d'engager par signes une conversation de quelques instans.

Dans la foule des femmes qui approvisionnaient ce marché, et qui toutes semblaient mettre une sorte de point d'honneur à lutter de laideur et de malpropreté, un jeune sergent fort éveillé, d'humeur assez grivoise, avait distingué une fillette âgée de moins de quinze ans, et dont les traits, bien que cachés sous une épaisse couche de crasse (pardon pour la vérité du détail), étaient vraiment d'une délicatesse exquise et auraient fait honneur à une princesse. Sa taille peu élevée était régulière et bien prise, et sa jambe, toujours nue, qu'on apercevait presque jusqu'au genou, paraissait fort bien faite ; ses yeux, qui n'avaient point encore acquis l'expression de dureté sauvage qui caractérise le regard des femmes de cette nation dégénérée, avilie, étaient grands, vifs et noirs ; c'était enfin une jolie, une très jolie brune.

Ce sous-officier amateur n'était pas le seul qui eût remarqué la piquante jeune fille ; elle était souvent l'objet des entretiens du détachement, qui la connaissait sous le nom de *la Morlaquine*.

Son nom véritable, ou du moins celui sous lequel elle était connue parmi les siens, était *Mlada* (1).

(1) *Mlada* signifie *jeune fille* en langue illyrique ou slavone.

Mlada, sous son diadème de carton garni d'oripeau, orné de trois rangées de petites pièces de cuivre ou d'argent, trouées à dessein et retenues par un fil d'archal, avait bien la plus drôle de mine qu'il fût possible de voir. Mais, par malheur, Mlada, comme ses compagnes, ignorait absolument l'usage des ablutions; il faut dire toutefois à sa louange qu'elle ne se doutait pas qu'on la trouvait jolie, et d'ailleurs le genre de beauté qui en elle séduisait nos Français ne lui aurait pas valu un regard favorable dans toute l'étendue des montagnes de la Morlaquie. Ses charmes adolescens contrastaient surtout avec ceux de ses compagnes, charmes méconnus qu'oppriment presque constamment une paire de sales mains placées en croix sur la poitrine, alors que quelque petit monstre morlaque, avide de nourriture, ne leur en dispute pas publiquement la possession.

Mlada cependant était coquette à sa manière; elle convoitait par-dessus tout les petites pièces d'argent, mais en tout bien tout honneur, sans y entendre autrement malice; Mlada ne les aimait que pour s'en parer, pour les fixer à sa coiffure, selon l'usage des femmes de ce pays, et augmenter le nombre assez grand déjà de celles que sa main y avait attachées.

Le plus ardent des admirateurs de Mlada s'était aisément aperçu du goût prononcé de la jeune fille pour les ornemens monnayés ; aussi à chaque marché s'empressait-il de traduire son prêt en parure de tête, percée à l'avance, sans doute pour que la timide et innocente Morlaquine ne se méprît pas sur la nature du don et les intentions pures de celui qui faisait l'offrande. Mlada acceptait, mais c'était avec une petite reconnaissance sournoise tout-à-fait sauvage, et qui n'avançait en rien les affaires du donateur. Alors le découragement s'emparait de celui-ci, et dans son dépit amoureux il laissait tomber, les jours de marché, sur ses cadeaux, dont le nombre avait déjà dépassé plusieurs douzaines, un regard de regret qui semblait dire à la cruelle : Sèmerai-je donc sans recueillir ! C'est qu'aussi l'amour est bien le moins désintéressé de tous les dieux du vieil Olympe.

Le moindre geste tant soit peu hasardé que se permettait l'empressé sergent, à qui cependant toute autre espèce de dialogue se trouvait interdite, était aussitôt puni par Mlada de deux ou trois coups de poing appliqués avec d'autant plus de force que le nombre des témoins était plus grand. Fille de la nature, Mlada concevait le don et pas du tout la récompense. En vain l'assiégeant avait maintes fois essayé de la faire venir à l'écart, dans le coin le plus discret des caves, où, dans ce pays, on détaille du vin et des *panocchie* (1); ses amoureuses avances ne lui rapportaient que des rebuffades ou des coups.

Enfin un jour (car tout a une fin, même la cruauté d'une fille sauvage), Mlada, se relâchant un peu de son système correctionnel, la farouche Mlada consentit à partager un *bocal* de bon gros vin rouge, et les trois quarts au moins d'un pain de munition frotté d'ail. Le repas était commun sans doute, mais le plus amoureux sergent, comme la plus jolie fille, ne peut offrir que ce qu'il a. Peu de jours après, le soupirant fit une découverte. Mlada était maîtresse d'elle-même; on ne lui connaissait aucun proche parent qui eût l'air d'exercer sur elle une sorte de surveillance. Il redoubla finement de tendres soins, d'attentions délicates, et vendit même quelque nippe pour se procurer des petites

(1) Pain fait d'une farine très blanche, et presque sans levain.

pièces... Mlada y fut sensible ; elle finit par s'adoucir, et n'eut bientôt plus rien à refuser à son séducteur, pas même la faveur longtemps sollicitée en vain de se laver les mains et le visage.

L'honneur est comme une île escarpée et sans ports !

Bientôt encore elle appartint en toute propriété à l'empressé sergent, qui la mit publiquement à la tête de son ménage.

C'est d'ici que date la haute fortune de Mlada.

Le sergent eut un jour l'idée qu'il était souverainement ridicule à un défenseur de l'État de faire chaque jour deux parts de la ration que le gouvernement accorde à un seul. Bref, l'appétit fit la guerre à l'amour ; et celui-ci, qui ne reparaissait pas exactement chaque jour comme son rival, eut tout-à-fait le dessous.

De son côté Mlada fit aussi des réflexions.

Le sous-lieutenant de la compagnie, jeune homme tout frais émoulu des bancs de l'école militaire, informé par la voix publique des progrès étonnans que faisait *la Morlaquine* sur la langue française, eut l'idée toute philantropique de compléter son éducation; il proposa au sergent de la lui confier pour la pousser dans l'étude de notre langue. Le sergent y consentit moyennant un assez joli fusil de chasse que possédait son supérieur, et qui devint sa propriété. Il n'y a que manière de s'entendre.

Cette mutation sourit à Mlada, qui était devenue ambitieuse, et qui se trouva ainsi avancer en grade.

Peu de temps après, le détachement fut rappelé à Macarsca, port de mer voisin où se trouvait l'état-major du régiment. Mlada partit malade; son précepteur, trop adonné à l'étude, avait tout-à-fait négligé le soin de leur commune santé. Cette circonstance fâ-

4

cheuse l'obligea à remettre Mlada entre les mains du chirurgien-major.

Celui-ci, après l'avoir guérie radicalement, la confia au colonel, que le jargon moitié dalmate et moitié français de la petite amusa pendant quinze jours au moins.

Mlada, qu'attendaient de plus hautes destinées, avait grandi en grâces et en beauté, voire même en talens; elle était dès lors savante dans une foule de choses qu'elle avait long-temps ignorées.

Un garde-magasin, qui avait eu l'occasion de la voir chez le colonel, crut distinguer en elle de l'aptitude pour l'administration militaire; il la demanda au colonel qui la lui donna.

Le garde-magasin emmena Mlada à Raguse, où l'appelaient ses fonctions.

Là, Mlada prit le costume de dame, qu'elle portait comme si elle n'eût jamais fait que cela.

Le temps était passé des petites pièces d'argent...

Le général Lauriston, mort il y a peu d'années à Paris en odeur de sainteté, chez une danseuse, et qui commandait alors les forces françaises en Dalmatie, occupait Raguse, où il s'était laissé bloquer par les Russes; il entendit parler de la Morlaquine, et voulut la voir.

A la suite d'une visite que le garde-magasin fit au général, un brevet lui fut octroyé, qui l'envoyait aux bouches du Cattaro et à Castel-Novo, en qualité d'inspecteur des vivres. Le *riz-pain-sel* partit, après toutefois qu'on lui eut donné à entendre qu'il était à propos que Mlada ne le suivît pas.

Mlada fut installée dans un fort bel appartement, situé *piazza del Governo*, et non loin de la demeure du commandant des troupes. Chaque soir il y avait chez elle assemblée et jeu. Ce train de vie continua jusqu'à ce que le général Lauriston eut été rappelé par l'empereur, qui avait pour lui une de ces passions malheureuses qu'on lui a connues.

Mlada partit dans une voiture de suite, oubliant de faire ses adieux à tous ceux qui avaient précédé le général dans son estime.

Le sort la fit tomber malade à Trieste à la suite des fatigues de la route. Le général, se souvenant sans doute qu'il était marié, l'y laissa.

Elle guérit assez promptement, et par les conseils d'un *signor marchese* sans marquisat, dont elle avait un soir improvisé la connaissance au théâtre, elle vint à Milan, où elle prit le plus magnifique état de maison.

Quelques années se passèrent dans la dissipation et les plaisirs de la haute société; ce ce fut à peine si Mlada ruina cinq ou six comtes et autant de princes, sans compter quelques membres du haut clergé. Un soir Mlada, qui prenait le frais sur un balcon, remarqua un officier d'assez bonne tournure qui la regardait avec une attention toute particulière. Il n'y avait rien là de bien extraordinaire : sa beauté, qui était devenue ravissante, lui valait souvent l'attention des passans.

L'officier la salua avec beaucoup de politesse et sans cesser de la regarder. Mlada rendit le salut, et, selon l'usage italien, qui admet d'assez grandes privautés, elle dépêcha un de ses laquais à l'officier, avec prière de prendre la peine d'entrer à l'hôtel.

Il y eut bientôt après dans le boudoir de Mlada une reconnaissance des plus pathétiques; elle revoyait son premier ami, son protecteur, le sergent qui l'avait sortie de la plus profonde misère, et qui était devenu officier.

Dès ce même soir Mlada, qu'on appelait alors *signora contessa*, fit à l'officier l'honneur de le présenter au vice-roi, qui venait souvent chez elle, en suppliant l'excellent Eugène de s'occuper de son avancement.

Le prince n'eut garde d'y manquer; l'officier d'ailleurs se recommandait suffisamment de lui-même. Il le fit entrer dans sa garde, et le nomma peu de temps après capitaine et chef d'escadron. Il fut tué colonel en 1812, en Russie, au combat de Valontino, en-deçà de Smolensk.

Compromise en 1813 dans je ne sais quelle haute intrigue politique, Mlada vint la même année à Paris, et s'y établit.

Lors des évènemens de 1814, on la connaissait au faubourg Saint-Germain, où elle occupait un magnifique hôtel, sous le nom de la comtesse d'A..... C'était alors une grande et respectable dame; son royalisme était furibond; il servait dans le noble quartier de point de comparaison à ce qu'il y avait alors de plus éminent.

Plusieurs fois l'empereur Alexandre eut

chez elle des entrevues avec de hauts personnages français qui trahissaient leur pays par dévouement pour la monarchie.

En 1815 elle émigra avec la légitimité, dont elle était devenue une des plus fermes colonnes, et revint de Gand avec elle.

A cette époque elle fut présentée à la cour.

Sa dévotion pouvait seule être égalée à son attachement à la bonne cause. Cependant un démêlé de la nature la plus sérieuse qu'elle eut avec la police au temps du ministère Decazes l'obligea à disparaître une fois encore de la scène du monde.

En 1823 ou 1824 Mlada occupait, sous un nom qui n'était pas plus le sien que celui qu'elle avait quitté, un appartement à l'Abbaye-aux-Bois, où elle recevait le mercredi de chaque semaine en très petit comité.

Lors de la révolution de juillet, elle passa en Angleterre, et de là en Ecosse.

Elle habite aujourd'hui, sous un troisième nom, une terre assez voisine d'Holyrood, où elle reçoit des visites d'un des hôtes de ce lieu d'exil.

Décidément *Mlada la Morlaquine* tient pour la légitimité, et cela se conçoit.

Elle a conservé un goût très vif pour l'argent monnayé; seulement elle ne tient pas maintenant à ce que les pièces soient percées.

ESQUISSES.

Esquisses.

La gloire est une médaille qui a aussi son revers.

❋

Un Bivouac.

❋

La brillante campagne de 1809, contre l'Autriche, était commencée, et l'armée de Dalmatie, forte tout au plus d'une douzaine de mille hommes, mais composée de troupes excellentes, éprouvées, avait reçu l'ordre d'opérer sa jonction avec la grande armée, par la Croatie, la Carniole, la Carynthie et la Styrie (1).

L'ennemi, avec des forces imposantes, presque décuples de celles que nous avions à lui opposer sur ce point, nous attendait à la frontière croate, non loin du fort de Krimm, avec l'intention, qu'il réalisa quelques jours après bien malheureusement pour lui, de nous présenter le combat dans la plaine de Gospich.

Il s'agissait pour nous de forcer le seul passage que présentassent les localités pour sortir de la Dalmatie, où notre petite armée, bloquée par terre et par mer, se trouvait prise, au dire des Autrichiens, comme dans une souricière.

Pour épargner, disait-il, l'effusion de sang,

(1) Cette jonction eut lieu le 5 juillet au soir, veille de la bataille de Wagram, dans l'île de Lobau.

le général tudesque, une espèce de Croate obscur, avec un nom long d'une aune et se terminant en *ich*, avait fait sommer le maréchal Marmont, qui commandait en chef, de se rendre et de mettre tout bonnement bas les armes, comme sans doute il n'aurait pas manqué de le faire en pareille circonstance. Le maréchal Marmont,

> Qui depuis... mais alors il était vertueux,

nous chargea de lui faire une réponse à la française : à coups de fusil, car pour des canons, nous n'en avions pas. Le combat s'engagea donc ; et, notez bien ceci, lecteur, je vous en prie : à deux heures de là, c'est-à-dire après la sommation, notre petite armée défilait en effet devant le général au nom en *ich*; mais c'était lui qui était acteur : on l'avait fait prisonnier avec tout son état-major, et je ne sais combien de ses valeureux soldats.

Ah! c'était le bon temps que ce temps-là : on savait ce que pesait une menace autrichienne, prussienne ou russe!

Le 30 avril au soir, une heure avant la nuit, et la veille de l'expédition précitée, un bataillon du 5ᵉ régiment de ligne s'en vint prendre position sur une espèce de plateforme inculte qui dominait un profond ravin, sur lequel se trouvait un pont défendu par les Autrichiens, et que, dans la journée, on avait essayé infructueusement de leur enlever. Soit que l'on n'eût voulu que simuler une attaque, soit que réellement ils se fussent montrés récalcitrans, la tentative avait été malheureuse. Une compagnie entière de voltigeurs du 81ᵉ régiment avait été sacrifiée là et y était restée. De dessus le plateau, nous pouvions aisément compter les cadavres de nos braves et infortunés compagnons d'armes.

De cette position élevée, on entendait distinctement les Autrichiens causer dans le ravin, de l'autre côté du pont qui nous séparait d'eux.

L'ordre avait été donné, précisément à cause du voisinage de l'ennemi, de ne point allumer de feux de bivouac, de se taire et de se garder avec la plus grande vigilance, en établissant poste sur poste; de garder les rangs, de défaire seulement le sac, et de s'asseoir dessus, la baïonnette au bout du fusil, et le fusil entre les jambes.

L'armée devant tourner cette position le lendemain dès le jour, nous n'avions guère plus d'une douzaine d'heures à rester là.

Au mois d'avril, les soirées et surtout les nuits sont fraîches encore, et quelque peu froides même.

On établit des postes qui se touchaient presque, et l'on songea *à prendre du repos* sans trop s'écarter de la consigne.

Tout le monde, officiers et soldats, resta dans le rang.

Cependant, par suite de cette ingénieuse activité, de ce désir de mieux-être qui caractérise essentiellement le militaire français, il ne s'était pas écoulé une demi-heure que déjà de petits feux tout petits, bien innocens, se trouvaient allumés, derrière le front, entre le troisième rang et le rang des serre-files...

Ce n'était pas tout-à-fait une violation de la consigne, parce que l'on avait grand soin que ces feux ne flambassent point, et gardassent pour ainsi dire l'incognito. Aucun chef n'était tenté de s'élever contre la mesure, attendu que chacun s'en trouvait bien, et qu'une petite place, même à un petit feu, n'est point à dédaigner au bivouac.

Quant au souper, on avait du pain sur le sac, heureusement ; on le mangea ; mais rien, oh! absolument rien avec.

Il y avait une heure à peine qu'on était arrivé là, lorsque de gros nuages qui, toute la journée, avaient été menaçans, crevèrent sur la position, et tombèrent d'abord en pluie assez fine et supportable, puis en gouttes bien formées, et enfin par torrens.

Un quart d'heure après, tous les feux étaient éteints. Quelques instans après, l'œil n'en pouvait plus reconnaître la trace.

Des éclairs, des coups de tonnerre nombreux se font bientôt entendre. On en inféra que ce n'était qu'une pluie d'orage, et qui ne durerait pas.

Vain espoir !

Les cataractes du ciel s'ouvrirent sur nous, et en très peu d'instans on eut de l'eau jusqu'aux genoux.

Il fallut tendre le dos et se résigner.

Tant que dura la nuit, nuit désastreuse, cruelle, interminable, la pluie ne cessa de tomber avec la plus étrange furie.

Les ténèbres étaient si épaisses qu'on ne se voyait pas dans les rangs.

Par intervalle on entendait le *qui vive* de

nos sentinelles qu'on relevait, ou le *wer da* des factionnaires autrichiens.

Pas d'autre bruit que celui-là, à part quelques juremens et des remerciemens au ciel, dans la langue énergique des camps.

Plusieurs de nos patrouilles perdirent des hommes qui, en faisant fausse route, roulèrent dans le ravin, et dont la chute donna l'éveil à l'ennemi, qui prit les armes, tira des coups de fusil, et se crut attaqué.

La pluie n'arrêta pas une seconde. Tout le bataillon la reçut accroupi sur le sac, tendant le dos avec résignation, percé jusqu'aux os, grelotant, et prenant un bain de pied.

Elle fut longue cette nuit-là !

Au jour, un soldat d'ordonnance arrivant du quartier-général, apporta l'ordre d'envoyer des hommes de corvée à l'état-major, pour y recevoir une ration d'eau-de-vie par chaque soldat.

Il fut entouré et béni.

C'était le messie!

Il faut avoir passé une nuit comme celle-là pour apprécier à sa juste valeur l'inappréciable don d'un verre de simple eau-de-vie!

Une Affaire.

Même campagne que la précédente (1809).

✳

J'ai dit plus haut que l'ennemi nous attendait en force dans la plaine de Gospich; il reçut notre visite, et n'eut pas trop l'occasion de s'en réjouir. Après une suite de combats partiels, où notre petite armée lui passa partout sur le ventre, on arriva à un étroit défilé, véritables Thermopyles, qu'il fallait absolument franchir, et où l'on passa *un à un* pour arriver aux lieux où l'on nous avait fait l'honneur de nous donner rendez-vous.

Et d'abord il faut bien se pénétrer de la situation quelque peu aventurée où nous nous trouvions. Nous avions l'ennemi devant nous, derrière nous et sur nos flancs. De plus, la population entière du pays que nous devions traverser (la Croatie) avait été habilement soulevée contre nous (1).

(1) La portion de ce pays singulier qu'on désigne sous le nom de *Croatie militaire* est divisée, non pas en districts, arrondissemens et communes, mais bien en régimens, bataillons et compagnies. Cette organisation est due au génie de Marie-Thérèse, et rappelle celle des comitats de la Hongrie. Hommes, enfans, vieillards, tout est enrégimenté; on naît soldat. Ces six régimens ont appartenu à la France, ainsi que le territoire qu'ils cultivent et qu'ils sont appelés à défendre. Les états de situation, qui sont dressés à certaines époques fixes, comprennent tout, depuis le colonel jusqu'aux bestiaux et

En abandonnant la Dalmatie, pour y revenir un peu plus tard, chaque soldat de cette pittoresque armée avait dû se dire, comme le philosophe Bias :

Omnia mecum porto.

Il portait sur son dos, outre son armement, son équipement et ses effets de rechange, *onze jours de vivres* en pain, biscuit et riz, et huit paquets de cartouches. Aussi les loustics prétendaient-ils que le vent ne les eût pas enlevés aisément.

Par une conséquence toute naturelle de

aux poules. Les généraux français Joly, Tromelin et Serrant ont commandé chacun un de ces régimens, dont l'empereur n'aurait pas accordé le commandement à tout le monde, et qui sont retournés en 1814 sous le joug de l'Autriche. En 1812, on y leva des *bataillons de guerre*, qui, conduits en partie par des officiers français, figurèrent honorablement dans les affaires où s'est trouvé le quatrième corps d'armée.

la position où se trouvait l'armée, nous avions à transporter, au milieu de nous, nos blessés des précédentes affaires.

Rien de plus beau, de plus solennel, de plus grand, que le spectacle qu'offrait alors cette petite mais valeureuse armée de Dalmatie !

Il fallait voir tous ces braves débouchant en bon ordre, et sans un traîneur, dans la plaine de Gospich.

Elle était partagée en deux divisions d'infanterie que commandaient les généraux Montrichard et Clausel (1). Au centre on avait placé les ambulances, les blessés, qu'on portait à dos d'homme, et les différentes administrations.

En tête était Marmont, entouré d'un bril-

(1) Les fautes nombreuses que fit le premier de ces deux officiers-généraux pendant cette glorieuse expédition irritèrent à bon droit l'empereur, qui lui retira son commandement le soir même du jour où s'opéra la jonction à la grande armée. Montrichard fut remplacé

lant état-major, et suivi d'une éclatante livrée rouge, galonnée d'argent.

Au sortir du défilé, les dispositions furent immédiatement prises pour commencer le combat : les ambulances et l'administration formèrent l'arrière-garde, sans, pour cela, cesser de partager nos dangers. Il y eut des blessés et des morts parmi les commissaires des guerres et les préposés ; quelques blessés reçurent la mort sur leur lit de douleur.

D'innombrables tirailleurs envahirent la plaine, et commencèrent l'action.

Pour toute cavalerie, se déployaient sur nos flancs deux escadrons des 19ᵉ et 24ᵉ de chasseurs.

---

par le brave Claparède, que venait d'illustrer un brillant fait d'armes. Quant au général Clausel, il était l'idole de ses soldats; je ne connais pas de plus bel éloge. On sait assez de quoi est capable cet officier-général du plus haut mérite.

UNE AFFAIRE.

L'artillerie se composait de quelques petites pièces de campagne portées à dos de mulet.

A notre droite, se battirent vaillamment les 5°, 79° et 81.° régimens de ligne, et le 18° d'infanterie légère.

Le premier de ces trois régimens s'empare, dès le commencement de l'action, au pas de charge, et malgré le feu meurtrier d'une artillerie bien servie, d'un mamelon important qui dominait la plaine.

Pendant ce temps, le brave 8e léger de la division Clausel eut à débusquer l'ennemi qui avait pris position sur le versant d'une montagne boisée, où il tint avec opiniâtreté jusqu'à la nuit close.

Là se firent des prodiges de valeur; bientôt l'engagement devint général, et l'on vit la plaine tout en feu.

Toutes les positions furent successivement enlevées.

La victoire fut payée un peu cher, mais la

perte de l'ennemi dut être énorme. Cela passe pour une consolation.

Lui, du moins, pouvait se recruter par les derrières : pour nous, toute perte était irréparable.

Une heure après la nuit, le feu cessa de toutes parts.

L'armée bivouaqua sur le champ de bataille où elle avait combattu ; mais, pour cacher à l'ennemi notre faiblesse numérique et l'importance de nos pertes, nous reçûmes l'ordre de nous former en un immense carré sur un rang, et chaque soldat dut allumer et entretenir un feu.

Le lendemain, long-temps avant le jour, le général en chef, décidé à se frayer un passage, fit décamper sans bruit, les feux brûlant toujours; on s'attendait, on devait s'attendre à une vive résistance; au contraire, l'ennemi avait fui devant nous.

On se mit à sa poursuite; mais il ne fut

rejoint que sur les hauteurs de Ségna, et ne jugea plus à propos de se compromettre avec nous. Il disparut bientôt tout-à-fait, et nous pûmes entrer tranquillement dans Fiume et Trieste.

Une Marche forcée.

Même campagne.

*

L'armée était parvenue à Gratz, ville fort agréable de la Styrie, où elle avait été devancée par une division de l'armée d'Italie. La ville était en notre pouvoir, mais le fort, qui tenait bon, appartenait encore à l'Autriche.

On nous accorda là un repos de quelques jours dont nous avions le plus grand besoin.

Il y a cinquante lieues de Gratz à Vienne. L'ordre arriva de nous rendre en toute hâte, et sans arrêter, à cette destination.

On partit le 2 juillet dans l'après-dînée; et le 5 juillet, au soir, avant le coucher du soleil, nous arrivions dans l'île Napoléon ou de Lobau, où se trouvait l'empereur; et dès le même soir il nommait Marmont maréchal de l'empire.

Et le lendemain, 6 juillet, nous assistions, pour nous reposer, à la bataille de Wagram.

A Gratz, on avait pu se débarrasser (c'est le mot consacré) des blessés, des malades, et de tous les hommes hors d'état de suivre.

Cinquante lieues en trois jours et demi; pour un corps d'armée, c'est quelque chose.

Aussi marcha-t-on, pour ainsi dire, sans arrêter.

On donnait une heure, deux au plus, par

jour, pour mettre la soupe au feu, l'amener à bon point, et la manger.

Toute la nuit on marchait : heureux ceux qui pouvaient dormir en marchant; ceux-là pouvaient rêver qu'ils faisaient la route en diligence.

Point de logement dans les villes qu'on traversait; des *billets de rafraîchissemens*, qui donnaient le droit de s'installer chez les bourgeois pendant une demi-heure; ou une halte au milieu d'un champ.

Et puis des pluies d'orage qui vous traversaient en quelques minutes.

Et la chaleur du corps séchant les vêtemens, et un nuage malencontreux venant vous inonder de nouveau.

Derrière chaque régiment une arrière-garde de sous-officiers chargée de faire suivre les paresseux (car, dans ce cas, on n'admet jamais comme possible une indisposition).

Un jeune soldat annonçait-il qu'il ne pouvait plus marcher : Cours, lui répondait-on.

Et parfois l'arrière-garde, épuisant d'abord tous les moyens de persuasion, recourait à l'éloquence muette des coups de crosse.

L'héroïsme a souvent besoin d'un peu d'aide.

La fatigue se surmonte avec du courage, et le soldat français en a plus que de forces ; mais la privation de sommeil ! je ne connais pas de plus horrible supplice...

Pendant les marches de nuit, quels que soient les efforts qu'on fait pour se tenir éveillé, le sommeil l'emporte : et alors une inégalité de la route, une solution de continuité dans le sentier qu'on suit, la moindre pierre qui s'engage sous votre pied... Dieu ! l'affreux réveil !

Tombez-vous, on rit.

Vous faites-vous du mal, on pouffe.

Et puis vous avez la soif. La soif, besoin

que les jeunes hommes surmontent difficilement.

Il y a souffrance si vous ne le satisfaites point, et souffrance si vous succombez à la tentation de vous désaltérer : l'eau est ou trop chaude, ou trop froide, et toujours elle est malsaine.

Mais, dira une mère dont le fils est à l'armée, n'y a-t-il pas des voitures d'équipages où l'on place les écloppés, et des cantinières qui vendent des rafraîchissans?

L'armée était riche en voitures de toute espèce et en cantinières : un jour le général en chef, s'apercevant qu'elles obstruaient les routes, les fit jeter toutes dans un ravin profond.

C'était brûler ses vaisseaux; car vous savez que nous avions l'ennemi devant nous, derrière nous, et sur nos côtés.

On disait aux hommes qui étaient tentés

de s'arrêter en route : Vous serez pris, et force leur était de marcher.

Il y eut des héros qui ne pouvaient se traîner et qui arrivèrent : dans ce cas-là l'on marche sur son courage.

De temps en temps quelques coups de fusil tirés à l'arrière-garde donnaient l'éveil aux pauvres diables que possédait la velléité de se reposer ; il n'y a rien qui délasse comme cela.

Au moment où s'engage une action, il n'y a plus de soldats fatigués. Le courage ne donne pas des ailes comme la peur, mais il soutient les faibles de constitution.

Malheur aux poules qui se trouvèrent sur le chemin des mécontens! elles payèrent de leur vie l'imprudence qu'elles commettaient. Il est des cas où la discipline est obligée de fermer les yeux ; on souffre un mal pour en empêcher un pire ; et d'ailleurs, on était en pays conquis!

Il est de notoriété militaire que *le paysan* doit toujours payer les pots cassés; et, en temps de guerre, que de pots on casse, *Jove pater!*

A Dieu ne plaise que j'essaie de dépeindre ce qu'éprouva notre troupe haletante, harassée, au moment où elle aperçut la fumée des bivouacs *de cette grande armée* dans les rangs de laquelle elle allait compter. Ceux-là même que la fatigue avait coupés en deux se redressèrent...

L'empereur était là!

Et c'était la veille de Wagram!

Une Halte d'Armée.

*

Le lendemain du jour où se livra cette mémorable bataille, le onzième corps d'armée, qui, l'avant-veille encore, avait le nom d'armée de Dalmatie (1), eut l'ordre de se

(1) Il n'y avait eu jusqu'à ce moment que dix corps d'armée; on appelait *soldats du onzième corps* tous les traîneurs et maraudeurs. Il s'ensuivit pendant longtemps des allusions que les braves de l'armée de Dalmatie se virent forcés de faire finir le sabre à la main.

porter sur Znaïm, en Moravie. Sur ce point-là s'étaient retirés les débris de l'armée autrichienne; ce fut là aussi que l'empereur signa, cinq jours après, l'armistice qui précéda la paix de 1809.

A huit ou neuf heures du matin, le onzième corps, ployé en colonne serrée par bataillon, fit un changement de direction à droite, pour gagner les riches coteaux de la Moravie.

Il lui fallut traverser tout le champ de bataille où la veille on s'était si long-temps et si chaudement disputé la victoire.

On se ferait difficilement une idée du tableau que l'armée eut pendant deux heures environ sous les yeux. Le plus grand nombre de nos blessés et de nos morts avaient été enlevés, selon l'usage, afin de ne pas attrister les vainqueurs par le hideux spectacle que ce lieu avait offert la veille; mais ce qui restait à voir suffisait pour occasioner une sensation profonde.

Des monceaux de cadavres autrichiens jalonnaient toutes les directions, et particulièrement les points où l'artillerie avait fait le plus de ravages; aux abords des redoutes qui avaient été enlevées par nos soldats pendant l'action, ils s'élevaient à une horrible hauteur, et la vaste plaine en était jonchée. Des blessés de cette nation, en très grand nombre, gisaient étendus par terre dans différentes positions; beaucoup de ces infortunés, mutilés d'une affreuse manière, et dévorés par une fièvre ardente, nous conjuraient, dans leur langue, de mettre un terme à leurs souffrances par un coup de baïonnette... D'autres trouvaient encore le courage de nous injurier : on respectait leur malheur. Le plus grand nombre nous regardaient d'un œil morne et abattu. Quelques uns nous suppliaient de leur donner à boire, et l'on s'empressait de les satisfaire.

Ils vidèrent là, les infortunés, plus d'une gourde française.

Des affûts brisés, des casques, des cuirasses, des fusils autrichiens, dont les vainqueurs avaient fait des *jambons*, et un nombre immense de gibernes autrichiennes vides couvraient la terre, chargée en beaucoup d'endroits de riches moissons, mille fois foulées aux pieds des hommes et des chevaux, et entièrement pulvérisées ou hachées. Des chevaux blessés, dont quelques uns se tenaient sur trois jambes, essayaient de fuir nos rangs, et, presque à chaque pas, il fallait faire un détour pour ne pas fouler un de ces animaux tués la veille et que le soleil avait horriblement gonflés.

Vers midi l'on fit halte à droite et à gauche de la route de Znaïm, au milieu des vignes. Le soleil était à son zénith et la chaleur suffocante.

On accordait une heure de repos.

Excepté ce qu'il avait été possible de se procurer la nuit, auprès des cantinières, dans l'île Napoléon, on était sans vivres, et chaque homme avait, selon l'expression militaire en usage, deux diables dans le ventre : un qui se mourait de faim, l'autre qui crevait de soif.

Il fallait trouver en une heure, non seulement le temps de déjeûner, ce qui n'avait rien de difficile, mais celui de se procurer quelque chose pour boire et pour manger.

C'est surtout dans les grandes occasions que se déploie le génie inventif du soldat, et que se manifeste l'instinct de destruction qui le caractérise.

Dans ce pays, qui fournit des vins blancs en quantité, les caves sont creusées sous la vigne même où croît et mûrit le raisin.

On savait cela, mais « ces gueux de paysans, ces scélérats de propriétaires, » qui tenaient à conserver leur propriété, et qui savaient aussi très bien qu'on ne les ménagerait guère, « avaient eu l'indignité » (comme on disait dans toute l'armée) de dissimuler habilement, au moyen de maçonnerie couverte de terre et de broussailles, les portes de caves que nous avions tant d'intérêt à découvrir.

Il fallait donc, avant de songer à se rafraîchir, procéder préalablement à un travail savant d'investigation et d'exploration.

On se livra avec ardeur à ce travail intéressant. Bientôt de nombreux coups sourds, imitant assez bien le bruit que fait la détonation d'une pièce d'artillerie, se firent entendre de toutes parts.

On ne sut d'abord ce que cela signifiait. C'étaient des portes de caves qu'on enfonçait à coups de crosses de fusil, et qui livraient passage aux investigateurs altérés.

On pénétrait dans les caves; les tonneaux

étaient mis en perce par les moyens les plus simples, et surtout les plus expéditifs : baquets, gourdes, bidons, peaux de boucs portatives, et même au besoin les schakos, se remplissaient du précieux liquide.

Mais hélas! il en faut du vin pour désaltérer une dizaine de mille hommes, brûlés par le soleil de juillet, et qui procèdent à une distribution, en pays conquis, sans l'intervention de l'autorité légale!

Aussi en manqua-t-on bientôt.

J'ai dit que l'esprit du soldat est fertile en inventions diaboliques, et qu'il a au suprême degré le sentiment de la destruction.

Le nombre des caves découvertes et explorées se trouvait évidemment trop petit ; cependant l'œil pouvait à peine embrasser l'étendue des vignes; nécessairement il en devait exister un plus grand nombre.

On recourut à un expédient.

Avec la baïonnette on creusait la terre, on

sondait; et lorsqu'une voûte était signalée, on y faisait un trou; je ne sais comment on y parvenait, car il est naturel de croire qu'une voûte, bien que peu solide, doit résister à un outil de destruction aussi peu commode qu'une baïonnette. La solution à ce problème est dans le succès qui couronna les efforts des pillards.

Le trou fait, un des explorateurs sautait dans la cave, au risque de se rompre vingt fois le cou; il était ordinairement suivi d'un, de deux, de dix, de vingt, de cinquante autres; et cinq minutes après la prise de possession de chaque caveau, l'on marchait dans le vin jusqu'aux genoux; les trois quarts de celui qu'on y trouvait était perdu pour tout le monde, le reste était partagé.

Au moment où les tambours donnèrent le premier signal du départ, il y avait dans chaque compagnie autant de vin qu'il en aurait fallu pour enivrer huit ou dix fois plus d'hommes qu'on n'en comptait sous les armes; plus de la moitié des explorateurs, se tenant avec peine sur ses jambes, riait, chantait, se querellait.

Presque tous étaient à jeun; l'extrême chaleur, la peine qu'ils s'étaient donnée, n'avaient pas peu contribué à les priver de leur raison...

Cependant il fallait rompre les faisceaux et partir.

L'ordre fut donné de jeter le vin qui restait. Jeter le vin ! Il s'éleva des rangs un cri d'indignation...

En ce moment un mouvement d'insubordination était possible : on le sentit; on ne brusqua pas les mécontens; moitié sévérité, moitié persuasion, et les mots d'honneur et de devoir prononcés à propos calmèrent l'effervescence; on se contint. Un roulement de tambour, un roulement prolongé à des-

sein, se fit entendre. Ce cri retentit partout :
A vos rangs, voilà l'ennemi!

Aussitôt tous ces hommes, dont la tête était perdue un instant avant, retrouvèrent subitement l'usage de leur raison.

— Voilà l'ennemi !

Cri magique. Il fut compris de tous les cœurs; on vida simultanément sur la route et les baquets et les bidons, et la colonne se remit en route.

LE NEZ D'UNE INFIDÈLE.

Le Nez d'une Infidèle.

*

Scoltate, son geloso!

La vengeance est le bonheur des dieux!

L'Istrie et la Dalmatie ont été de 1806 à 1814 des provinces françaises; réunies à la Carniole et à une partie de la Carynthie, elles formaient, avec la république de Raguse que nous avions conquise à peu près sans coup-férir, et par la seule puissance du nom français, une espèce de royaume d'Illyrie dont le maréchal duc de Raguse fut le premier vice-roi sous le titre plus modeste de gouverneur-général. Des auditeurs au conseil d'État qui faisaient là un apprentissage des fonctions de préfet, les administraient tant bien que mal au nom de *Sa Majesté l'empereur et roi*, dont de grands désastres n'avaient pas fait encore un *usurpateur*, un ogre, un homme que la pudeur empêche de nommer.

Nos troupes réparties sur le littoral, depuis Trieste et Fiume jusqu'à Raguse et Cattaro, assuraient à la France la paisible possession de ces provinces, où peut-être on ne regrette pas précisément le joug français, mais où l'on conserve très certainement un brillant souvenir des mœurs pittoresques de nos militaires.

L'armée dite de Dalmatie obéissait aux

ordres du maréchal Marmont, à qui Napoléon avait conféré le titre de *duc de Raguse*, bien que ce fût le général Lauriston qui le premier eût mis le pied sur les terres de cette petite république (1).

Un beau régiment, le 5e de ligne, qui naguère s'était illustré en Italie, et qui depuis en Catalogne eut souvent l'occasion de se distinguer, occupait alors la petite ville de Traù, située au fond d'une espèce de golfe, entre Sebenico, et la ville plus importante de Spalato, et les villages qui s'étendent sous le nom de *Castelli*, de la première à la troisième de ces villes, sur les bords de l'Adriatique.

La ville de Traù, quoique laide et fort petite, est, comme toutes les places de quelque importance des états vénitiens, entourée d'un rempart et d'un fossé; elle est le siége

(1) Il n'est pas à notre connaissance que le maréchal Soult, créé aussi par l'empereur *duc de Dalmatie*, ait jamais fait le voyage de ce pays, au moins à main armée.

7

d'un évêché dont le clergé riche et nombreux s'engraisse tranquillement aux dépens du bas peuple, qui est là, plus qu'ailleurs, ignorant et crédule jusqu'à la stupidité, sauvage et grossier jusqu'à la barbarie.

Les mœurs des villes de la Dalmatie se ressentent, chez les nobles et dans la bourgeoisie, des mœurs vénitiennes; et pour les dernières classes, de celles des Morlaques ou habitans à peine civilisés des montagnes voisines. Une distance énorme, au moins aussi grande qu'en Russie, sépare les maîtres des valets, c'est-à-dire le peuple de ceux qui le gouvernent, et l'ignorance des usages va grandissant outre mesure aussitôt qu'on s'éloigne des remparts d'une ville.

Le vin, qui croît en abondance tout le long du littoral, se vend à vil prix dans cette partie de la Dalmatie, et cependant il est de qualité supérieure; mais comme il ne supporte pas, même jusqu'à Venise, le transport par mer, il faut qu'on le consomme sur les lieux. Il se débite et se boit d'ordinaire dans les celliers qui le renferment : là point de bouteilles ni de verres; le vase de bois qui sert à mesurer le liquide, doit tenir lieu de verre au consommateur; pour siéges, quelques grosses pierres, ou les pièces de bois qui soutiennent la cuve dans laquelle fermente la liqueur purpurine.

Une femme sur le retour, mais encore assez fraîche et d'humeur très joviale, qui tenait un de ces cabarets que fréquentent les gens du peuple et les soldats, avait depuis quelques années pour mari de fait un de ces Morlaques de six pieds de haut, à figure rébarbative, aux énormes moustaches, à la barette rouge, aux espadrilles de peau de mouton, à l'étroit et court pantalon bleu du Croate et du Hongrois; toujours armé jusqu'aux dents, et que ne quitte jamais ou l'énorme poignard turc appelé yataghan, ou le long fusil garni de cuivre, à double portée. Matteo tenait, à sa manière, à l'honneur de sa belle : il tolérait la présence des chalands de la garnison, même après la retraite battue ; mais il n'entendait pas que, les portes de la maison une fois fermées, les adorateurs de sa divinité lui disputassent à l'intérieur une place qui lui était depuis long-temps exclusiment dévolue.

Cependant Matteo faisait de fréquentes absences pour son négoce, espèce de commerce interlope, à l'exercice duquel se livrent incessamment et sans nulle retenue les hommes de sa sorte, et que facilite merveilleusement le voisinage des provinces autrichiennes, et celui des possessions albanaises et bosniaques. Son cœur, qu'il laissait en partant à sa belle, ne suffisait pas probablement à celle-ci ; pour suppléer Matteo pendant ses absences beaucoup trop répétées, elle avait fait choix d'un jeune fourrier du 5ᵉ régiment, tendre, éveillé, et fort joli garçon ; mais qui en se haussant sur ses talons serait tout au plus arrivé à la hauteur du yataghan de son robuste rival. Le suppléant, non moins adonné au culte de l'amitié qu'à celui de l'amour, ne s'était pas borné à faire confidence de son bonheur à tous les fourriers du régiment, il en avait admis un, son camarade intime, au partage de sa félicité!... Il n'y a que les militaires pour pousser l'héroïsme jusque là.

Une nuit, nuit fatale, nuit de deuil et de sang! après des libations tellement abondantes et répétées que les deux co-soupirans s'étaient totalement enivrés, la chaste amie de Matteo reposait modestement sur une même couche, entre les deux fourriers ; l'amoureux trio dormait du plus profond sommeil. Matteo, le sauvage et jaloux Matteo, qu'on croyait bien loin dans ses montagnes, n'avait pas quitté Traü; en proie aux plus horribles soupçons, et peut-être initié secrètement à certains mystères par quelque voisine indiscrète et envieuse du bonheur en partie double que goûtait la tendre cabaretière avec les deux jeunes comptables français, Matteo s'était glissé sous le lit où reposait la trop confiante trinité.

Avec un imperturbable sang-froid, et possédant d'ailleurs une connaissance approfondie des localités, il sort de sa cachette. Une lampe attachée sous le manteau de la large cheminée, selon l'usage du pays, ne jetait qu'une lueur incertaine et tremblotante; il rampe jusque là, et l'éteint de son souffle haineux; puis il revient sur ses pas, se dresse comme un serpent prêt à lancer son venin, et monte sur le lit par le pied... Arrêtons-nous, car le sang va couler.

Que croyez-vous que fera Matteo ? Deux Français, deux rivaux dorment là... leur vie est entre ses mains... mais il sait que de terribles conseils de guerre s'assemblent tous les mois pour juger à mort ceux qui portent la main sur des militaires français. Matteo tient à se venger, mais il tient aussi à la vie. L'infidèle portera seule des marques de son courroux ; il l'enlaidira pour toujours.

Matteo tire son yataghan. Vingt fois les fourriers ses rivaux, en se jouant, en trinquant avec lui au même *bocal*, s'en sont servis pour tailler leurs plumes : le yataghan de Matteo vaut le meilleur canif; il le tire, et trouve, en tâtant de la main, le nez de la perfide. Un éclair est moins prompt. L'extrémité du cartilage est enlevée, et vole au loin dans la chambre. Aussitôt Matteo sort, et s'éloigne à petit bruit.

La victime de cet acte d'une barbarie odieusement calculée jette des cris affreux qui réveillent le voisinage, et ne parviennent pas même à sortir les deux fourriers de la léthargie profonde dans laquelle les ont plongés la débauche et le vin...

On vient, et l'on trouve l'infortunée nue, échevelée, couverte de son propre sang, et cherchant à arrêter l'hémorrhagie. Elle tombe privée de sens. Pendant qu'une voisine expérimentée, peut-être celle qui a tout appris à Matteo, cherche à rappeler la malheureuse à la connaissance de son malheur, on secoue ses deux complices; ils s'éveillent enfin, et demandent où ils sont... A la vue de plusieurs personnes, une idée confuse de danger se présente simultanément à leur esprit; ils sautent en bas du lit, et courent à leurs sabres... Le pied glisse à l'un des deux : il avait marché sur quelque chose... c'était le morceau de nez enlevé à la belle...

L'effroi s'empare de tous deux. En jetant les yeux sur leur Hélène, ils devinent une partie de la vérité, s'habillent à la hâte, et sortent en se tâtant le visage, confus et dégrisés.

Le lendemain, toute la ville sut l'aventure; elle amusa beaucoup la garnison, et depuis ce jour on n'appelait plus celle qui en avait été la victime que *Madame Nez-en-moins.*

L'ALERTE DE WAGRAM.

L'Alerte de Wagram.

*

Sentinelles, prenez garde à vous!

La postérité saura que le 6 juillet 1809, par un beau soleil, par un soleil éclatant, éblouissant, Napoléon, dont la gloire était alors à son apogée, gagna sur les Autrichiens la célèbre bataille de Wagram.

Là, les troupes françaises et alliées, en

grande et belle tenue, comme à une revue du Carrousel ou de Schœnbrunn, combattirent depuis l'aube du jour jusqu'à six heures de l'après-midi, et défirent l'ennemi sur tous les points. Parmi elles brillaient ces magnifiques chevau-légers wurtembergeois, ces Saxons, ces Bavarois, dont l'artillerie se faisait remarquer, même à côté de la nôtre, et qui depuis.... Ces derniers étaient commandés par le maréchal de Wrède, dont la gloire ne fut, à tout prendre, qu'un reflet de celle de nos armes, et qui donna l'exemple d'une odieuse trahison à l'homme qui l'avait sorti des rangs du commun des guerriers.

L'histoire dira qu'on se battit avec un acharnement qui depuis long-temps n'était plus sans exemple, et que le feu d'une formidable artillerie fit, pendant près de douze heures, trembler la terre sous les pas des combattans : elle dira qu'avant que quatre heures eussent sonné à l'horloge du village de Wagram, le prince Charles, qui devint peu après l'oncle de celui qui l'avait vaincu sur tant de champs de bataille, opérait déjà sa retraite par la Moravie, et que, cinq jours après, l'empereur François fut forcé de conclure un armistice qui précéda de trois mois la paix de 1809, et dota la France d'une seconde impératrice.

Il pouvait être un peu moins de sept heures du soir; le feu avait cessé de toutes parts; un calme profond commençait à régner. Celles de nos troupes qui se trouvaient placées en première ligne, gardaient fièrement les positions qu'elles avaient conquises au prix de tant de flots d'un sang généreux. La seconde et la troisième lignes avaient formé les faisceaux, et la tente de l'empereur avait été placée au milieu d'un régiment de sa vaillante infanterie, formant à dessein un double bataillon carré.

Quelques feux de bivouac anticipés, commençaient à s'allumer *incognito*; car l'ordre n'avait pu être sitôt donné de se livrer au repos; il restait encore deux heures de jour, pendant lesquelles, tout victorieux qu'on était, la prudence commandait de se tenir sur ses gardes.

Déjà commençaient dans les corps ces récits partiels, si intéressans, ordinairement si animés, si pittoresques, où l'on se communique ce qu'on a vu, sur le point où l'on se trouvait, ce qu'on a ressenti, ce qu'on a éprouvé; où l'on apprend presque froidement qu'un ami, qu'un camarade a succombé, qu'un autre a échappé par miracle à une mort presque certaine; où l'on cherche à s'expliquer les manœuvres que l'on a faites, à deviner les plans stratégiques du général en chef; où l'on jette un coup d'œil investigateur sur les actions des morts comme sur celles des survivans; où l'on s'apprécie enfin... récits qui ne contiennent jamais de plaintes, presque point de regrets, bien rarement de rodomontades, et qui se terminent tout naturellement par la comparaison du nombre des présens avec un relevé de l'effectif avant la bataille.

Tout-à-coup, un bruit confus de voix éloignées, de sons mal articulés, se fait entendre dans l'air; on ne saurait ni pénétrer ce qu'ils expriment, ni deviner la cause qui peut y donner lieu. Bientôt ce bruit approche, il grossit; des tourbillons de poussière s'élèvent au loin, à l'horizon, bien en avant du front de la première ligne. On prête attentivement l'oreille, on se consulte du geste et du regard... Cependant quelques cavaliers lancés au grand galop, et dans un désordre visible, apparaissent, sortant des tourbillons de poussière, et se précipitent vers notre première ligne; d'autres les suivent, d'autres encore... Déjà l'on commence à distinguer l'uniforme dont ils sont vêtus... Ce sont des Français!... Mais comment expliquer la vitesse de leur course rétrograde?... Dans le doute, on rompt précipitamment les faisceaux ; la cavalerie, dont les chevaux avaient été déjà placés au piquet, selle et bride en toute hâte, et monte à cheval.

Cependant on commence à démêler des cris. L'alerte, car c'en était une, se communique avec la promptitude de l'éclair dans tous les corps d'armée, et le cri de *sauve qui peut*, poussé par des lâches en désarroi, par des pillards pris sans doute en flagrant délit, par des cantiniers, des fourrageurs sans courage, se fait entendre au milieu d'une armée victorieuse !

Avant qu'on soit parvenu à arrêter la course de quelques uns, à se saisir d'eux, ils portent partout l'alarme ; elle se répand promptement jusqu'à la ligne la plus reculée. Le régiment formé en carré permanent pour la sûreté de l'empereur, prend précipitamment les armes, croise la baïonnette, et bat la charge... On se précipite dans la tente de Napoléon, qui dormait d'un profond sommeil; un cheval, qu'on ne prend pas la peine de seller tout-à-fait, lui est amené, et l'empereur, qui ne sait ce qu'on lui veut, monte, à demi vêtu, le coursier qu'on lui présente. Pendant ce temps, le carré s'ébranle et marche en avant, la baïonnette croisée, contre un ennemi qu'on n'aperçoit pas, qui n'existe nulle part.

Pendant qu'on questionne enfin quelques fuyards, le plus grand nombre traversant nos lignes, poussé par un instinct machinal de lâcheté bien plutôt que par le sentiment raisonné de la conservation, puisque la plupart n'avait fait que se sauver sans motif connu, à l'imitation des autres, se porte sur l'île Napoléon (île de Lobau), où se trouvaient parqués un immense matériel d'artillerie et les nombreux équipages de tous les corps d'armée. Quelques bataillons de service en ce lieu, et des troupes auxiliaires qui n'avaient point donné pendant l'action, se forment en ligne à leur approche, et tâchent d'opposer une digue à ces torrens de fuyards : leurs efforts sont vains. L'alerte gagne bientôt ces myriades de valets d'armée, de charretiers, de cantinières, de conducteurs d'équipages, d'infirmiers attachés au service des ambulances; tous s'empressent de mettre sans motif les chevaux aux voitures, les lancent au galop dans toutes les directions, se jettent les uns sur les autres, et finissent par encombrer toutes les avenues. Le désordre est alors à son comble, et la gendarmerie d'élite, à qui est confiée la police de tous ces gens-là, ne sachant où se porter, ne pouvant se faire jour d'aucun côté, se trouve réduite à la plus complète inaction.

Au bout de quelques instans, on ne se reconnaît plus dans l'île; les cris des fuyards et des femmes, les juremens des charretiers, les plaintes des blessés, qui se croient tombés au pouvoir de l'ennemi, achèvent d'y porter le trouble et la confusion... Un vertige s'est emparé des braves et des poltrons ; le danger qu'on cherche à fuir s'accroît pour tous de l'ignorance dans laquelle on est de sa nature et de son importance. D'abord on fuit ; plus tard on se demandera pourquoi... Il y eut là bien des voitures, bien des chevaux de main magnifiques, qui changèrent de maîtres. La perte en chevaux qui se noyèrent dans le Danube, ou qu'on ne revit plus, fut énorme.

Dans la plaine, quand les colonnes d'infanterie et les masses de cavalerie eurent fait quelques centaines de pas, quand l'artillerie se fut ébranlée en bon ordre, on chercha l'ennemi, mais sans l'apercevoir. On fit halte ; alors, machinalement, l'on songea à se rendre compte d'un mouvement fait ainsi en avant, après la bataille, et qui n'avait pas de motif connu. Quelques éclaireurs, qui s'étaient d'eux-mêmes portés plus loin, reviennent sur leurs pas, et déclarent qu'ils n'ont pas aperçu l'ombre d'un Autrichien. — Au contraire, disent-ils, on distingue encore l'extrême gauche des corps d'armée du prince Charles qui fuient dans toutes les directions.

Dès qu'on est bien sûr qu'on a été la dupe de quelque singulière erreur, on se regarde. Généraux, officiers et soldats se prennent à rire, et l'ordre est aussitôt donné aux régimens qui ont participé au mouvement de retourner aux positions qu'ils occupaient.

Une heure après, on ne parlait plus de l'alerte que pour rechercher la cause qui y avait donné lieu.

Il n'en était pas de même dans l'île; le désordre y continua long-temps encore, et se propagea jusqu'à Vienne, où le bruit courut dans la nuit que Napoléon avait été battu, et que l'aigle française fuyait enfin devant l'aigle autrichienne.

On assigna plusieurs causes à cette singulière alerte. Dès le lendemain on s'accordait assez généralement à croire qu'elle avait été occasionée par les pillards répandus dans les villages voisins, et qui, chargés à l'improviste par un peloton égaré de hussards autrichiens, en avant de la droite de l'armée, avaient été sabrés et ramenés jusqu'à nos avant-postes, qu'ils avaient bruyamment dépassés, après y avoir jeté le trouble et la confusion.

DE VENISE A MOSCOU.

De Venise à Moscou.

*

> Marche aujourd'hui, marche demain ;
> A force de marcher on fait bien du chemin.
> *Dicton militaire.*

De Venise à Moscou !

C'est là un assez joli trajet, je pense ?

Et ce trajet-là je l'ai fait, moi, à pied, en compagnie de trois mille hommes dressés, disciplinés, dévoués (dans la belle et noble acception du mot), et formant un magnifique régiment, de quatre bataillons, dont cent cinquante ou deux cents pauvres diables, à moitié gelés, aux trois quarts morts, ont repassé la Bérésina au mois d'octobre de l'an *de grâce* 1812.

Ah! c'est une belle chose que la guerre, une chose admirable ; mais il faut en revenir: malheur aux vaincus!

Et il n'est pas toujours aisé de se tirer d'affaire, surtout quand on doit aller chercher son ennemi à quelques mille lieues de chez soi.

On approchait de la fin de 1811.

Nous tenions garnison à Vicence ; et nous poussions des détachemens jusqu'à Mestre et Venise ; jusqu'à Venise, jusqu'à l'orgueilleuse Venise, dont le doge épousait la mer ; jusqu'à Venise, dont les vaisseaux ont couvert l'Adriatique, et qui est aujourd'hui Venise la déchue,

Venise l'humiliée, Venise occupée par des Autrichiens!

Venise! je ne donnerais pas un sou de sa monnaie (à peu près deux centimes et demi de France) pour la revoir, la laide! non. C'est tout à la fois une ville triste et une triste ville; une cité qui fait peine à voir, qui serre le cœur... Déjà, il y a vingt ans, elle rappelait ces *pauvresses* de la révolution, qu'on était convenu d'appeler des *rentières*, et qui demandaient l'aumône à Paris, en robe à falbalas, avec un chapeau et un voile.

Et le redoutable lion de Saint-Marc!... Pauvre animal! comme on lui a *fait* les griffes!

Venise! aujourd'hui elle est tout au plus bonne à figurer dans les romances et les nocturnes de nos compositeurs!

J'ai vu, sous ses portiques, les misérables débris des troupes de *la République*; Napoléon, qui, en fait de soldats, ne perdait rien, essayait de tirer parti de tout, les avait incorporés dans *les Cisalpins*, désignation générique que nos guerriers appliquaient à tout militaire italien indistinctement. Je ne suis pas éloigné de croire que « les soldats du pape, » que je n'eus jamais l'honneur de rencontrer sur un champ de bataille ou ailleurs, ont l'air plus lurons que ces gaillards-là.

On les appelait, parmi les habitans, *soldati dei nostri*. Pauvres gens ! un caporal autrichien, même veuf de sa schlague, en aurait fait fuir une centaine en les regardant de travers...... Un Jean-Jean français, en veste, et en bonnet de police couvrant la nuque, eût tenu, je crois, en échec, avec sa baguette blanche, tout un corps d'armée composé de cette canaille.

Pour croire à l'état d'avilissement où est tombé *le peuple* vénitien, il faut le voir.

J'ai bien ri, moi jeune homme, la première fois qu'un *signor abbate* m'a proposé de me conduire, pour de l'argent, où j'allais fort bien tout seul à cet âge.

Aujourd'hui le cœur me bondit de souvenir. Et des mères qui vendent tant de sequins la virginité de leurs filles, « pour avoir de quoi leur faire une dot. »

Et des épouseurs qui se présentent ensuite!... Pouah!!!

Quoi qu'il en soit, nous étions en garnison dans ces parages.

Un beau jour l'ordre arriva de Paris, signé du ministre Clarke, de nous rendre par Vérone, Milan, Brescia et Pavie, à Turin.

J'ai dit qu'on était alors à la fin de 1811.

Nous avions tous, je dis tous, sans exception d'âge, de figure et de condition, formé de tendres liaisons dans l'agréable ville de Vicence, qu'occupait l'état-major du régiment, ville charmante où le moindre *palazzo* récèle au moins un prince, et je ne sais combien de comtes et de *signori marchesi*.

Il y a eu de ce côté-là, je suis forcé d'en convenir, bon nombre de généalogies interrompues par nous. Je me hâte de dire qu'il y avait presque toujours provocation de la part des beautés séduites. Cela tient aux usages locaux.

Que de tristes adieux !

Chaque maison un peu bien habitée renfermait de quinze à vingt Arianes de toutes les conditions.

Dire combien de pleurs on versa, du moment de notre départ à celui de l'arrivée du régiment qui vint nous remplacer, est impossible.

Chaque brigade de la grande-armée léguait d'ordinaire à la brigade qui la poussait en avant un certain nombre de veuves inconsolables que les survenans avaient mission de consoler en huit jours.

Et quand les mutations et permutations étaient par trop fréquentes, surtout par trop brusques, il fallait ouïr *la vostra cara*, pâmée de douleur, se trompant de nom, en vous étreignant de ses bras amoureux, et vous donnant le nom de *Luigi* ou de *Paolo*, tandis que le vôtre était *Pietro*, *Antonio* ou *Giuseppe*.

C'est que son cœur, prenant le change, confondait dans un même amour le remplaçant et le remplacé.

Aussi c'était la faute de l'empereur, qui ne laissait pas aux officiers de ses armées le temps d'être d'eux-mêmes infidèles !

Nous fîmes également de tristes adieux aux chefs-d'œuvre de Palladio, à l'Hôtel-de-Ville, au théâtre Olympique, et à quelques *palazzi* élevés sur les dessins de ce grand artiste.

On traversa l'Adige, à Vérone, où, sans cesse entraîné par l'exemple, j'eus à peine le temps de donner un coup d'œil aux Arènes, pressé que j'étais de courir au théâtre, ou de m'installer devant une table de café.

A Milan, je vis *la Scala*, où j'entendis madame Morrendi, que depuis j'ai retrouvée à notre Opéra-Buffa. J'eus le courage d'abréger un repas commandé à *la locanda d' el Angelo*, pour faire le tour de la cathédrale (*il duomo*), toute revêtue de marbre blanc, monument inachevé que la volonté de fer de Napoléon fit enfin terminer quelques années après.

A Brescia, je fus frappé de la beauté des femmes : le sang y est superbe ; et nous pûmes, sans beaucoup de frais, nous livrer à une étude approfondie des comparaisons.

Je vis pour la première fois en cette ville ces rideaux que la police laisse placer devant chaque loge, au théâtre, et qu'on tire audacieusement lorsque le spectacle ne saurait lutter d'intérêt avec les scènes qu'on peut improviser en tête à tête...

Nos loges grillées sont décentes, comparées aux loges à rideaux de certaines salles d'Italie.

Un séjour que nous fîmes à Pavie, dans le voisinage de laquelle l'aventureux François Ier

Perdit tout, fors l'honneur,

donna lieu à des engagemens plus ou moins sérieux entre nos officiers et quelques étudians de l'université de cette ville.

Il y eut des coups d'épée donnés et reçus, et de nombreux bols de punch vidés.

Au mois de janvier 1812, nous étions dans Turin.

Turin, ville riche et de plaisir. On ne saurait croire ce qu'il s'y débauche de filles et de femmes, ni ce qui s'y mange de *polenta*, le plus insipide de tous les mets ultramontains.

Le prince Borghèse, gouverneur-général des départemens au-delà des Alpes, y faisait sa résidence; il y trônait presque.

Sa cour était brillante et fort gaie. Il avait

une garde d'honneur, et, je crois, des chambellans et des pages.

La salle du théâtre impérial est toute d'or; c'est un lingot. Il suit de là que quelque riches que soient les costumes des acteurs, ceux-ci paraissent toujours mesquinement vêtus.

A Turin je vis commencer un pont superbe, qu'on jeta sur le Pô, d'après l'ordre exprès de l'empereur.

Six ans avant j'avais vu là la guillotine *en permanence* sur la place Carline ou Paysanne: on n'avait pas trouvé de meilleur moyen pour mettre un terme aux assassinats qui désolaient ces belles contrées.

Sur la place Impériale, au débouché des rues du Mont-Cenis et du Pô, je comptai un matin, un peu avant midi, soixante-quinze ecclésiastiques, en costume, qui défilèrent sous mes yeux en quatre minutes et demie.

A Turin nous reçûmes l'ordre de nous

rendre à Strasbourg, par Lyon et Besançon.

Je traversai les Alpes sur une route magnifique, où, quelques années auparavant, les voyageurs étaient obligés de se faire *ramasser*.

Napoléon avait parlé, et sa puissante voix avait, pour ainsi dire, aplani les Alpes, qu'Annibal, à ce qu'on raconte, s'était amusé à fendre avec du vinaigre.

Je revis Lyon et ses quais magnifiques du Rhône et de la Saône, et ses Brotteaux, et ses rues populeuses qui, à cette époque, luttaient avantageusement de malpropreté avec celles de la capitale.

Besançon est une ville froide et ennuyeuse; on n'y aimait pas l'empereur; je le savais, et c'est peut-être à cause de cela que je la jugeai défavorablement. Je ne fus agréablement frappé que de la bonne chère qu'on nous fit faire à l'*Hôtel National*.

En route un bon repas double de mérite...

Et quelles remarques peut faire un voyageur par étape ? Il arrive fatigué, distrait, et ne voit rien ou voit mal. Et le devoir d'ailleurs !

A Arbois, nous demandâmes *du vin d'Arbois*. On nous rit presque au nez, et force nous fut de renouveler plusieurs fois une demande qui nous paraissait, à nous, toute naturelle. Après une heure d'attente au moins, on nous servit un flacon de la précieuse liqueur; il nous fut impossible d'en avaler une goutte: sa superficie était gardée par un essaim de *gendarmes*.

Cela nous fut vendu quarante sous.

Nous demandâmes l'explication de cette énigme: tout le vin d'Arbois est exporté.

A Strasbourg, on nous accorda quinze jours de repos avant de nous faire passer le Rhin.

Depuis près d'un mois il y avait eu beaucoup à déchanter pour nous: l'accueil qu'on nous faisait dans nos logemens n'avait plus cette aménité, cet empressement, cette obligeance que nous avions pu remarquer ailleurs ; on nous recevait froidement, à peine avec politesse, et toujours sans plaisir ; plus d'attentions délicates, de soins empressés, d'offres obligeantes : nous étions en France, dans notre pays, chez nous, au milieu des nôtres!

N'en déplaise au beau sexe strasbourgeois, il y aurait bien loin, selon nous, des dames alsaciennes aux tendres beautés de la molle Italie, que nous avions délaissées *par ordre* aux bords de la Brenta. Sur le Rhin, nous n'avions pas trop de nos appointemens et de notre indemnité de route, pour appuyer auprès de ces dames nos qualités personnelles et notre amabilité.

Ce reproche, au surplus, ne s'adresse qu'à une classe : on sait quel monde nous voyons, nous autres militaires, et surtout en route.

Enfin, nous passâmes le Rhin. Tout changea comme par enchantement. De l'autre côté du fleuve on était chez *des amis* ; et l'on ne se gêne pas alors.

Nous traversâmes en vainqueurs l'état de Bade et la Bavière.

A Rastadt, nous nous fîmes raconter les détails de l'assassinat des plénipotentiaires français; horrible violation du droit des gens qui pèse de tout son poids sur la conscience des diplomates du cabinet de Vienne.

En Saxe, on nous fit un accueil ravissant : littéralement notre route était semée de roses.

Ah! c'était un beau spectacle à ravir la pensée, comme dit M. Hugo, que celui dont on jouissait chaque matin, sur la place publique ou dans les champs, lorsque le régiment se rassemblait après s'être reposé un ou deux jours de ses fatigues. Que d'amoureux récits, que de visages rayonnans, que de fronts couronnés de myrtes!

Badoises, Bavaroises et Saxonnes, à Dieu

ne plaise que je cherche à flétrir vos vertus, à vous calomnier; mais de deux choses l'une, ou l'armée française était alors tout entière composée d'impudens menteurs, ou pas un, non, pas un seul des guerriers dont elle se composait, n'éprouva vos rigueurs.

Recevez ici, pour mon compte, et au nom de quelques centaines de mille de mes camarades (plus ou moins, le nombre n'y fait rien), le tribut de ma profonde reconnaissance!

Mais, m'allèguerez-vous peut-être, avec la modestie qui vous caractérise : « Nous répondions toujours, *nein*. » Je le sais.

Mais je sais aussi que toujours ce mot, détourné par quelque malin génie, de son acception négative, était toujours aussi sans conséquence dans votre bouche, et qu'il n'arrêta jamais le plus conscrit de vos adorateurs de passage.

Ah! qu'ils connaissaient bien la portée de

ce mot, tous ces héros d'un mois de service, qui, ne sachant de la langue allemande que tout juste ce qu'il en faut pour s'exprimer par gestes, pensaient, d'après leur chef suprême, qu'en amour comme en guerre il n'y a pas de poste imprenable.

Aussi, comme je le disais tout à l'heure, il fallait les entendre au rassemblement, quand ils se communiquaient leurs aventures nocturnes! fantassins, cuirassiers, lanciers, hussards, artilleurs, tous, jusqu'aux soldats du train, qui ne passent pas pour des céladons, et dont la galanterie est quelque peu brusque et maussade, tous, oui, tous avaient à se faire de tendres confidences.

D'habitude on arrivait *à la grand'halte* avant d'avoir tout dit, et la moitié de l'étape pouvait être mise sur le compte des amours.

Vous n'êtes plus, temps heureux où l'armée française avait comme la mission divine du perfectionnement des races européennes, où nous laissions partout des témoignages vivans de notre zèle à remplir le devoir de rénovation !

Que de sang français, bon dieu, bouillonne dans des veines d'hommes aujourd'hui soumis aux décrets de la Diète ; et qui croient bien positivement descendre en ligne directe, et non interrompue, des compagnons de Vitikind!

J'admirai Dresde, Erfurth, et surtout Leipzig, Leipzig qu'entoure un élégant jardin anglais, dont les fabriques sont autant d'auberges, de guinguettes ou de cafés.

Et quelles grisettes!!!

A Berlin, je ne fus que médiocrement ému par le souvenir du grand Frédéric; peut-être le roi régnant porta-t-il malheur, dans mes idées, à son illustre prédécesseur. J'admirai, d'une de ses deux extrémités, le beau coup d'œil de la *Frédéricshars*, dont tous les militaires français ont gardé le souvenir, grâce à la très célèbre madame Bernard et à son établissement.

L'arc-de-triomphe de la porte de Charlottembourg était alors privé des chevaux de bronze qui l'ornent de nouveau maintenant.

La restauration les a remis en place.

Mais si je ne ressentis rien dans la capitale de la Prusse, en revanche de quelle émotion profonde ne fus-je pas saisi en foulant le sol polonais !

Salut, pays d'héroïsme et de bravoure !

Je traversai Thorn et Posen.

De là nous entrâmes dans la Nouvelle-Marche (Prusse), et dans la Prusse Orientale, où Napoléon nous fit long-temps manœuvrer avant de traverser le Niémen, qui le séparait de son ennemi.

Ce fleuve passé, nous pénétrâmes, sans coup férir, jusqu'à Kowno, sur les bords duquel cette ville est bâtie.

Ici commença l'état de guerre.

Dès ce moment nos éclaireurs purent apercevoir les Cosaques, mais loin, bien loin devant eux.

Wilna, où nous entrâmes à quelques jours de là, est une grande et belle ville, que nous ne fîmes que traverser.

Nous poussâmes en avant, sur Smolensk, par Minsk et Orcha.

A la fin de juillet, nous nous battîmes sous les murs de Smolensk, et les nombreuses églises aux dômes verts de cette ville, non plus que son enceinte de murailles flanquées de grosses tours, ne l'empêchèrent pas d'être prise.

De Smolensk à Moscou, l'on nous disputa le terrain presque pour la forme ; nous traversâmes les villes de Dorogobatz, de Ghyask, de Viazma, et quelques autres, dont les maux de la guerre firent des monceaux de cendre, et nous arrivâmes enfin à Moscou.

A Moscou, la victoire, le Kremlin..., et la retraite...

Toujours est-il que j'étais parti de Venise pour arriver là.

LA COUR

DE SAXE-MAINUNGEN.

La Cour de Saxe-Mainungen.

*

> Tout petit prince a des ambassadeurs :
> Tout marquis veut avoir des pages.

De tous les satellites grands et petits qui gravitaient autour de l'astre brillant de Napoléon, avec le titre de *membres de la confédération du Rhin*, aucun ne se montra, même au jour du malheur, moins hostile, plus soumis, plus bénin, que le chef de la principauté de Saxe-Mainungen.

A la vérité, ce chef était une femme douce et timide, mère d'une intéressante et très nombreuse famille, qu'elle élevait ou qu'on élevait sous ses yeux dans la crainte de Dieu et de Napoléon, avec toute l'économie, sinon toute la simplicité qui préside à l'intérieur d'un bon ménage allemand de la haute bourgeoisie.

Cette excellente princesse, dont on pourrait au besoin retrouver les titres dans quelque almanach officiel, contemporain de la glorieuse époque qui précéda celle de la restauration, régnait sur quelques centaines de sujettes et de sujets à la manière du bon petit roi d'Yvetot, quant au bien qu'elle voulait aux uns et aux autres, mais différant de ce prince-modèle, de ce véritable roi à bon marché, par l'ostentation toute germanique et du vieux régime de ce qu'on appelait *sa cour.*

Si j'ai bonne mémoire, on portait à soixante ou soixante-dix le nombre des guerriers que cette digne souveraine, comme membre de la confédération rhénane, tenait constamment sous les armes, aux ordres mais non pas à la solde de Napoléon. Ce modeste corps d'armée, où sans doute on rachetait par toutes les vertus guerrières ce qui manquait du côté de la force numérique, assista très sérieusement à plus d'une des batailles de la grande armée.

A Ratisbonne, un tambour de Mainungen fut blessé, même assez grièvement, d'un vigoureux coup de pied dans la partie postérieure de son individu, que lui porta au plus chaud de l'action un grenadier français qui lui avait demandé dans notre langue, inintelligible pour le pauvre Saxon, un morceau d'amadou pour allumer sa pipe. On raconte qu'un rapport fut fait après la bataille à la princesse, en déguisant quelque peu le lieu et le genre de la blessure, et que l'étoile de Saxe-Mainungen fut envoyée par le chancelier de l'ordre, avec le ruban qui l'attache, au brave tambour blessé et à douze de ses plus valeureux compagnons.

A l'époque où de nombreuses troupes françaises de vingt armes diverses sillonnaient toutes les routes de l'Allemagne pour aller porter le fer et le feu dans le lointain pays des czars, un régiment d'infanterie légère arriva par un beau matin dans la petite ville de Saxe-Mainungen, résidence ordinaire de la princesse régnante, avec autorisation de s'y reposer trois jours. La galanterie française exigeait impérieusement que les officiers de ce corps, d'ailleurs informés par la renommée des qualités brillantes et solides de cette souveraine et des princesses et princes ses fils, profitassent de ce repos de plusieurs jours pour rendre à l'intéressante famille les hommages qu'elle méritait, bien plus qu'elle ne les briguait. Aussi, dès le jour de l'arrivée, une visite de corps fut-elle ordonnée par le colonel aux officiers.

Tous les porte-manteaux furent ouverts, et la grande tenue arborée par chacun de ces messieurs. Les militaires français gradés, quelque savans qu'ils soient tous, comme personne ne l'ignore, ne sont pas précisément obligés de tout connaître ; on est, sans posséder un profond savoir, un parfait officier d'infanterie ou de cavalerie. On s'attendait donc au faste éblouissant d'une cour du Nord, et l'on crut devoir soigner sa toilette en conséquence.

A midi précis on se réunit sur la place d'armes, beaux de gloire et de propreté.

Le régiment, fort de quatre bataillons au grand complet de guerre, allait offrir à la princesse un effectif de cent officiers de tout grade et de tout âge (un peu plus qu'elle ne mettait de soldats sur pied pour assurer le repos de l'Europe), bien brossés, bien cirés, bien tenus, et surtout bien curieux et bien moqueurs.

On se dirigea en bon ordre vers le palais, ou ce qu'on nomme en Allemagne *la résidence*. Mais comme aucun des monumens de la ville, l'église exceptée, ne s'élevait ambitieusement au-dessus des maisons bourgeoises à un ou deux étages qui leur étaient contiguës, il fallut s'adresser à un habitant pour apprendre de lui où se trouvait le palais qu'on cherchait, et qui ne se faisait pas deviner par les proportions grandioses qu'on lui attribuait généreusement.

Au fond d'une rue assez peu large (où l'on apprit ensuite que logeaient presque tous les grands-officiers de la couronne), on voyait s'élever à une hauteur modeste un bâtiment de forme quadrangulaire, sans ornemens extérieurs, et qui contrastait, par la couleur sombre de ses murs, avec les petites maisons à jalousies vertes, proprement badigeonnées, qui l'avoisinaient. De rares fenêtres, très élevées et fort étroites, livraient tant bien que mal un passage à la lumière à travers de petits carreaux tombant de vétusté. On pénétrait dans l'intérieur de la royale demeure par une porte plutôt charretière que cochère, devant laquelle se promenait en bâillant, et veuf de son fusil, qu'il avait laissé pacifiquement dans la guérite, un soldat des troupes de la princesse, au dos duquel pendait une de ces énormes gibernes tudesques qui amusèrent si long-temps la victorieuse infanterie de nos armées. Pris pour ainsi dire à l'improviste, le guerrier saxon ne put porter ni présenter son arme, d'autant qu'un petit garçon du voisinage, qui s'était glissé à son insu dans la guérite, essayait de s'en servir pour apprendre l'exercice ; mais sa figure penaude et désappointée en présence d'un si grand nombre d'officiers français témoignait assez de sa honte et de sa surprise.

On pénétra dans l'intérieur.

Sous la porte, où l'on avait remisé sans façon une voiture de maître, sans doute le carrosse de gala de la princesse, on voyait un escalier de bois, de proportion presque suffisante, orné d'une rampe également en bois, sculptée à l'antique, et qui conduisait à l'unique étage supérieur du bâtiment.

Au-devant du corps d'officiers, marchait, par ordre du colonel, un jeune sous-lieutenant du régiment, natif des bords du Rhin, parlant fort bien l'allemand, au moins à ce qu'il disait, et qui devait remplir les importantes fonctions d'interprète.

Au haut de l'escalier, un brave homme en veste bleue, casquette de même couleur, qu'il tenait à la main, amené par le bruit de voix et de pas que faisaient les officiers, bruit inusité, tout-à-fait extraordinaire, et qui ne troublait pas souvent les échos de la résidence, se présenta étonné, et comme pour demander ce qu'on pouvait vouloir.

C'était (on le sut depuis) le premier valet de chambre de la princesse, et sans doute aussi le dernier.

L'interprète, prenant aussitôt la parole, l'informa en allemand que les officiers présens aspiraient à l'honneur de présenter leurs respectueux hommages à la princesse. Un signe qu'il fit de la main, toujours avec l'air du plus profond étonnement, et qui voulait dire *attendez*, retint le cortége tout entier sur les marches de l'escalier d'honneur; puis il ouvrit avec précaution une porte qu'il eut grand soin de refermer sur lui, et disparut.

Il fallut bien se résigner, et attendre là le résultat de la conférence que sans doute il allait avoir avec les hôtes du palais.

Après un quart d'heure qu'on employa en

conjectures de toute espèce, un vénérable officier, dont l'âge, les cheveux blancs, l'uniforme, et surtout la queue à la prussienne, annonçaient un contemporain du grand Frédéric, se présenta sur l'escalier, et, s'approchant du colonel, qui tenait la tête du cortége, le pria en allemand de lui expliquer le but de sa visite en si nombreuse compagnie. L'interprète se hâta de lui faire la même réponse qu'à l'homme à la casquette.

Alors s'inclinant avec beaucoup de dignité, il annonça que les devoirs de sa charge exigeaient impérieusement qu'il transmît d'abord à la princesse la demande que formaient MM. les officiers français; puis il se retira. Force fut encore de prolonger la station sur l'escalier.

Après un second quart d'heure d'attente, le grand-chambellan (car on sut peu après que le vénérable porteur de la queue à la prussienne était le grand-chambellan de la princesse), le grand-chambellan donc se présenta de nouveau, salua profondément, et fit ouvrir par le premier valet de chambre, qui venait de reparaître à sa suite, l'unique battant de la porte qui faisait face aux officiers, et d'un signe de la main, qu'il accompagna de deux révérences, leur fit signe d'avancer.

Il était assez naturel de croire qu'on allait traverser une longue enfilade d'antichambres et de salons. Point. On se trouva immédiatement dans une étroite galerie, entièrement dépourvue de meubles, même de chaises du côté de l'entrée, et qui se terminait, du côté opposé, par deux croisées auprès desquelles étaient assises plusieurs dames qui en entouraient une autre.

Cette dame était la princesse elle-même ; celles qui faisaient cercle étaient ses dames d'atours, et les *grandes* de la cour de Mainungen.

Arrivé là, le grand-chambellan s'arrêta, fit un demi-tour, et apprit à l'interprète étonné, qui le transmit aux siens, que la sévère étiquette, dont il ne pouvait en aucun cas s'éloigner, s'opposait à ce que des étrangers pénétrassent chez son auguste maîtresse avant d'avoir officiellement été annoncés à elle par qui de droit.

On obéit, mais non sans jeter de nombreux regards d'investigation sur les dames qui occupaient le fond de la galerie, et dont l'impassibilité et le sérieux étaient tels qu'elles ne paraissaient nullement s'apercevoir qu'une centaine d'officiers français étaient à quelques pas d'elles; on eût dit qu'elles étaient toutes privées du sens de la vue et de celui de l'ouïe.

Le grand-chambellan, plus que jamais impassible et de sang-froid, renouvela alors sa question à haute voix : Que demandent messieurs les officiers français ?

— Obtenir l'honneur d'être présentés à la princesse régnante, répondit pour la troisième ou quatrième fois l'interprète impatienté.

— Ces messieurs vont être annoncés, reprit le grand-chambellan.

Ceci dit, il fit une seconde fois demi-tour, marcha du côté des croisées autant de pas qu'il y en avait qui le séparassent de la princesse et de sa cour, et répéta en français la demande de l'interprète, demande qu'il formula ainsi :

— Messieurs les officiers du .... régiment d'infanterie légère appartenant à la grande armée française aux ordres de l'empereur Napoléon, un des alliés de la principauté de Saxe-Mainungen (suivait l'énumération des titres), sollicitent très humblement l'insigne faveur d'être présentés à Son Altesse la princesse régnante.

— Je les recevrai avec un vif plaisir, dit alors

la princesse en se levant. Et se dirigeant avec beaucoup de grâce et de bonté vers les survenans, elle ajouta avec infiniment de courtoisie, en s'adressant plus particulièrement au colonel : — Messieurs, je suis sensible à l'honneur que vous me faites ; prenez la peine d'approcher.

Alors le grand-chambellan, toujours pénétré des devoirs de sa charge, s'empressa d'annoncer à haute et intelligible voix : *Le corps d'officiers de tel régiment.*

Et l'on fut enfin admis de fait et de droit.

Cette longue introduction si singulièrement cérémonieuse, ces formes de cour, cette rigoureuse étiquette dans une demeure où tout respirait la simplicité, pour ne rien dire de plus, avaient, il faut en convenir, mis tout-à-fait en belle humeur MM. les officiers. Aussi s'en fallut-il de bien peu que plusieurs n'éclatassent de rire ; heureusement il n'en fut rien.

Charmé de pouvoir s'entretenir en français avec la princesse, le colonel, après les premiers complimens d'usage, présenta les officiers. La modestie du costume de la bonne princesse, ses manières douces à la fois et pleines d'une véritable noblesse, les regards bienveillans qu'elle jetait autour d'elle, lui gagnèrent bientôt tous les cœurs. A la suite de quelques questions qu'elle fit au colonel, et pendant une courte digression où elle laissa voir une connaissance approfondie de la politique européenne, et une admiration bien sentie pour le chef du gouvernement français, qu'elle n'appela que l'*illustre Napoléon*, elle pria le colonel et ses officiers d'assister à un bal qu'elle donnerait le lendemain à l'occasion de leur passage à Mainungen, et le prévint ensuite qu'elle avait ordonné que les soldats de son régiment reçussent extraordinairement de leurs hôtes chacun une ration de vin.

Une révérence gracieuse qu'elle fit au colonel le prévint que l'audience était terminée; les visiteurs se retirèrent, précédés par le grand-chambellan, qui les reconduisit avec le cérémonial d'usage, et ne sachant pas bien ce qui devait les surprendre le plus, ou de ces manières de cour appropriées à un intérieur plus que modeste, ou de l'amabilité extrême, de la dignité sans morgue qui distinguaient la princesse régnante de Saxe-Mainungen.

Le lendemain, à la tombée du jour, un bal eut lieu en effet dans cette même galerie où la veille on avait reçu la visite des officiers français. La nombreuse famille de la princesse y assistait sans aucun apprêt qui sentît la prétention; elle-même s'y trouvait, dans un costume à peu près semblable à celui de la veille. Comme Cornélie, elle pouvait dire, en montrant ses jolis enfans : Voilà mes bijoux, à moi !

Très certainement rien de ce que virent

les invités à cette assemblée ne ressemblait à ce qu'ils avaient vu jusque là. Quelques siècles femelles, habillés comme on ne l'était déjà plus sous Louis XV; une douzaine de vieux militaires, gloire fossile des temps passés, souvenirs presque effacés de la guerre de sept ans; et, sous la protection de ces respectables ruines germaniques, de grosses réjouies de jeunes filles à peine vêtues, franches et fraîches; de bons Allemands toujours prêts à vous faire cadeau d'un *ia* approbatif, qu'accompagne un gros éclat de rire; et les enfans de la princesse tourbillonnant gaiement au milieu des groupes.

En un mot, de la morgue allemande et de la gaieté, du cérémonial et de l'abandon, de la réserve et de la franchise; et, quant aux choses de luxe, une musique de guinguette, et peu ou point de rafraîchissemens. On servit vers la fin du bal une espèce d'ambigu qui ne dut empêcher aucun des convives de souper en rentrant au logis; puis on se retira.

Et le lendemain la *Gazette officielle* de l'endroit annonça pompeusement aux paisibles sujets de la plus pacifique et de la meilleure des souveraines, qu'il y avait eu la veille *bal et réception à la cour.*

LES CHEVAUX DU BARON.

Les Chevaux du Baron.

*

Amis... jusqu'à la bourse.

Le général de brigade Comp.... est mort ; Dieu veuille avoir son âme. Il est mort au champ d'honneur, du trépas des braves, comme on dit ; bien que le feu de l'ennemi atteigne au moins aussi souvent un poltron qu'un soldat courageux. Cet officier général, que distinguaient de brillantes qualités, tomba frappé d'un biscaïen à la terrible bataille de Mojaïsk, où plus de quarante généraux français rougirent de leur sang le sol inhospitalier de la Russie (1).

Au commencement du mois de juin 1812, le troisième corps d'armée, aux ordres de l'admirable Ney, manœuvrait depuis quinze jours au moins sur le territoire prussien et dans la partie de la Pologne qui confine à ce royaume, non loin des rives du Niémen, que sans doute Napoléon ne jugeait pas à propos de franchir encore.

(1) L'officier-général dont il s'agit ici n'est point le Comp... amputé, qui eut long-temps, sous les Français, un commandement dans le royaume de Naples. Celui-ci était parvenu, à la cour du roi Murat, du grade de chef de bataillon à celui de général de division. Lors de l'expédition de Russie, il reçut, du ministre de la guerre de Napoléon, un brevet de *général de brigade*, avec un commandement dans le troisième corps, et l'ordre impératif de rejoindre sans délai.

Nous étions en Prusse; vous entendez, lecteur, c'est-à-dire dans un pays ami, ou dont le souverain feignait de l'être. Un corps d'armée tout entier, qui, je crois, avait été placé sous le commandement du maréchal Macdonald, et destiné à agir en Livonie et en Courlande, suivait *la grande armée*, dont il faisait partie, ainsi que les Badois, les Bavarois, les Wurtembourgeois, les Autrichiens; et des Italiens, des Suisses, des Espagnols et des Portugais. Je ne parle pas des Polonais, qui comptaient comme Français dans nos rangs.

L'armée était en Prusse donc, chez des alliés dont la fidélité n'avait jusque là éprouvé aucun échec, parce que, à la vérité, jusque là nous nous étions montrés partout en vainqueurs. Or, vous allez voir comment on pouvait se conduire impunément chez eux.

Par un beau jour, la brigade que commandait le général Comp... arriva dans un canton de la Prusse orientale, avec ordre d'y prendre des cantonnemens. Dans ce cas, le premier soin d'un officier-général qui sait les choses, est de s'informer du nombre des châteaux que possède le pays, des revenus, de la générosité de leurs propriétaires, de l'âge et du degré de beauté des femmes qui s'y trouvent, des plaisirs qu'on peut se promettre dans ces habitations de premier ordre, et enfin du parti qu'on en peut tirer au besoin. Quelquefois, mais seulement quand on en est requis, on prend note des ressources qu'offre le pays à l'armée; mais cette attention n'est qu'accessoire. Cela fait, on décide que *l'intérêt du soldat et le bien du service*, petites phrases banales qu'on emploie à tout moment, exigent qu'on se loge en un lieu plutôt qu'en un autre; et un rapport est fait en ce sens à l'autorité supérieure, qui elle-même a opéré d'après des données analogues. C'est en prenant tant de soins de nos valeureux soldats que l'on a fait plusieurs fois le tour de l'Europe, et vaincu tous les peuples qui l'habitent.

Nous lisons tous les jours, à nos heures de loisir, dans des relations de voyages toujours très véridiques, qu'en Chine, en Turquie, en Russie, et ailleurs encore, on procède administrativement par exaction, et que l'impunité est accordée aux coupables qui s'engraissent tranquillement des sueurs du faible. Et quelquefois, dans un bel accès de philantropie, nous jetons bien loin de nous le livre avec colère, en maudissant les coutumes *barbares* de ces pays peu civilisés. Hélas! nous ne valons pas mieux que ces Chinois, ces Turcs, ces Russes, qu'on nous dépeint si noirs, et qui ressemblent aux portraits qu'on nous en a trop long-temps faits, comme nous ressemblons à ces Français de convention qu'on immole à Londres aux risées de John Bull! Le seul avantage que nous ayons sur eux, c'est parfois un peu plus de cette adresse que nous devons à notre civilisation, et qui consiste, comme dit le vulgaire, « à plumer la poule sans la faire crier; » ou bien encore à profiter de l'ascendant que donnent de hautes fonctions, pour se livrer aux plus coupables excès.

La mauvaise étoile d'un des plus riches barons de la Prusse orientale voulut que le général Comp..., informations prises, jugeât qu'il serait au mieux, lui, ses chevaux et ses gens, dans un château qu'on lui avait dépeint comme abondant en toutes choses, et fort bien habité.

Le quartier-général de la brigade y fut installé.

A l'avance informé de l'honneur qu'il allait recevoir, le noble baron, qui était bien la plus excellente pâte d'homme que l'on pût trouver à vingt lieues à la ronde, s'empressa de venir au-devant de celui qu'il devait héberger. L'entrevue fut polie, affectueuse et même touchante. Le général avait de belles manières, il était homme de cour; il plut à la première vue à son hôte, qui le pria de se regarder comme le maître de l'habitation qu'il avait bien voulu se choisir.

Au château, l'accueil que reçut le général des dames qui l'occupaient eut tout lieu de l'enchanter.

Pendant les huit premiers jours ce ne fut que fêtes, que grands repas; on recevait les nobles des environs, on les visitait; on chassait, on pêchait dans le jour, et le soir on jouait.

En petit comité, on passait une partie de la journée à table ou dans les jardins. On devint bientôt tout-à-fait inséparables, et le général n'avait que le choix des plaisirs.

La baronne, et sa fille, bien jeune encore, avaient toutes deux des charmes; proportions gardées, la première valait la seconde pour un amateur, et il était fort amateur le général ; aussi ne tarda-t-il pas à mettre à la fois le siége devant deux places qui, je dois le dire en véridique historien, ne demandaient qu'à capituler : tant le nom français avait de puissance alors sur le sexe de tous les pays que nous tenions sous notre belliqueuse domination !

Si l'on est heureux quand on n'a qu'à désirer pour obtenir, le général dut l'être au suprême degré dans cette bienheureuse baronnie où il commandait au moins autant que dans sa brigade.

Bien que témoin oculaire des faits que je raconte, il ne m'appartient pas d'affirmer que le baron était dans la confidence de la double intrigue amoureuse du général ; mais il y avait très certainement des cas où l'observateur impartial se fût trouvé fondé à le croire. La bienveillance, le laisser-aller des bons Allemands ne sauraient être poussés plus loin. *Le cher général* était l'objet constant des plus délicates attentions; *très cher* en effet, le général, car sa présence au château dut coûter belle à l'aveugle et officieux baron.

Celui-ci aimait les chevaux par passion, à la rage; il paraissait clairement établi pour quiconque le connaissait, que sa femme et sa fille n'avaient dans ses affections que tout au plus la seconde et la troisième places. Sur ce chapitre il ne plaisantait pas : on pouvait presque impunément attenter d'une manière plus ou moins visible à son honneur, pourvu qu'on respectât les hôtes de ses magnifiques écuries.

Il faut dire aussi que personne en Prusse, pas même le roi son maître (et il s'en vantait), n'aurait pu lutter avec lui pour l'élégance, la richesse et le confortable des bâtimens qui recevaient ses chers coursiers. L'amour du baron pour les chevaux (car c'était de l'amour qu'il ressentait pour eux) s'était surtout concentré sur un magnifique attelage de six alezans, de taille, de robe, d'âge et de formes absolument semblables; on eût dit qu'ils étaient nés du coup de baguette de quelque puissante fée.

Aussi étaient-ils d'un prix inestimable. Par extraordinaire, au plus deux ou trois fois l'an, le bon baron consentait à donner à son cocher la permission de les atteler à sa calèche; mais il fallait, pour qu'on vît s'opérer cet acte de condescendance, que la journée fût superbe, ni trop froide ni trop chaude, la route à parcourir courte et supérieurement entretenue, et qu'il conduisît lui-même en longues rênes: l'idée de fatiguer les objets de son idolâtrie n'entrait pas, ne pouvait pas entrer dans sa tête; et certainement, plutôt que d'en venir là, il eût bien plus aisément consenti à s'atteler lui-même.

Cependant, par une belle après-dînée, et sur les vives et pressantes instances de son cher ami, qui demandait à faire prendre l'air aux dames, il voulut bien risquer une promenade. Mais, à deux cents pas de sa terre, ayant cru remarquer sur les pauvres bêtes des traces de transpiration, il fit aussitôt volte-face, regagna les écuries, avec toutes les précautions qu'il avait imaginées, et passa la nuit auprès de ses alezans.

Une quinzaine s'écoula comme un jour, comme une heure. Au grand regret des maîtres du château, la brigade reçut l'ordre de faire un mouvement en avant. La douleur fut profonde de part et d'autre; on accabla le général d'assurances de regrets, de preuves d'estime et d'attachement. C'est qu'aussi il avait tant fait pour ses hôtes!

Un matin, le dernier des valets d'écurie du baron s'était plaint à son maître, qui avait transmis la plainte à qui de droit, qu'un cavalier d'ordonnance auprès du général avait osé dérober pour son propre cheval une botte du foin de choix réservé aux seuls favoris du seigneur-châtelain ; et aussitôt le coupable avait été renvoyé à son corps, noté comme mauvais sujet et maraudeur, et enfin chassé de la compagnie d'élite où il servait. C'était un membre de la Légion-d'Honneur, décoré sur le champ de bataille de Wagram.

Une autre fois, l'intègre général avait fait mettre pour un mois à la garde du camp deux soldats de sa brigade qui avaient tenté de dérober une poule à un des paysans du baron; de plus il avait exigé que le délit fût porté à la connaissance des troupes par la voie de l'ordre du jour.

Dieu! qu'il y eut de larmes versées la veille et le jour du départ! Pour épargner la sensibilité singulièrement nerveuse du baron, la baronne voulut à toute force qu'il passât chez un de ses fermiers, à quelques lieues du château, la nuit qui précéda cette funeste séparation. La charitable dame craignait qu'il ne fut pas en état de soutenir le coup terrible qu'allait lui porter la perte d'un ami aussi dévoué, aussi vrai.

L'heure du départ avait été fixée à onze heures du matin, bien que les deux régimens qui composaient la brigade eussent reçu l'ordre de commencer leur mouvement dès cinq heures. Mais le moyen de se séparer tout-à-coup d'une famille qu'on aime et qu'on protège!

Vers dix heures, pendant qu'on prenait le café au salon, le bruit du tambour retentit subitement dans le voisinage; et cependant les troupes étaient parties depuis long-temps. Bientôt une compagnie de grenadiers, capitaine en tête, fait une bruyante entrée dans la cour du château. Les gens de la maison se demandent ce que cela signifie. Au salon, on se regarde étonné. Que viennent faire ici ces soldats? dit la tendre baronne à l'empressé général. Ah! si la brigade avait reçu contre-ordre!...

— Hélas! non, répond celui-ci en s'accompagnant d'un soupir. Il n'y a rien là qui doive alarmer madame ; c'est un piquet que j'ai fait commander pour l'escorte de mes équipages. Une baronne prussienne, quelque portée qu'elle soit d'ailleurs pour la guerre et les guerriers, n'est pas obligée de connaître les usages militaires, surtout ceux des Français ; aussi la bonne dame se contenta-t-elle de cette excuse.

La conversation, un instant suspendue, reprend alors avec plus de vivacité, ainsi que les protestations d'une vive amitié, et les sermens d'un souvenir éternel. Pendant ce temps on sable à l'envi le vin et les liqueurs du baron absent.

Enfin, l'heure du départ du général sonne à la pendule du salon. On se lève.

Les croisées avaient vue sur la cour. Le

premier objet qui frappe les regards de la baronne est une calèche de voyage attelée...

Un *déjà!* bien tendre, bien expressif, qu'accompagne une œillade plus tendre encore, est prononcée par elle. On y répond par un regard et par un soupir.

Cependant le bandeau que ce petit fripon d'amour avait jeté sur les yeux de la dame n'était pas tellement épais que les *objets extérieurs*, (comme dit madame de Staël) ne l'affectassent encore quelque peu, et la privassent tout-à-fait de l'organe de la vue. En jetant un second regard sur la fatale voiture qui va lui ravir le meilleur ami de son époux, elle croit reconnaître, elle reconnaît que le char est attelé de six chevaux.

— Je croyais, dit-elle alors au général, dont la contenance n'était pas tout-à-fait exempte d'un certain embarras, que vous ne voyagiez qu'à quatre chevaux.

— Ordinairement, répond celui-ci ; mais

regardez bien : ne reconnaissez-vous pas cet attelage ?

— Dieu me pardonne, ce sont les alezans du baron !

La baronne se trompait, ce n'étaient plus *les alezans du baron* : ils avaient changé de maître.

— Le moyen de s'y tromper? dit le général en conservant un imperturbable sang-froid : quels chevaux leur sont comparables en beauté ?

— Et vous les emmenez ! poursuivit la baronne en changeant de couleur: que dira le baron ?

— Je ne veux que les essayer par moi-même ; il s'agit de quelques lieues : c'est un caprice que vous me pardonnerez... L'affaire est convenue avec le baron ; Frantz, votre cocher, les ramènera du premier village, où je donnerai l'ordre qu'ils soient remplacés par les miens.

— Les vôtres? Je les croyais sur la litière, et hors d'état de marcher?

Ils étaient, en effet, dans la situation la plus déplorable. Le général se tut.

Au moment où la figure de la baronne commençait à exprimer un sentiment de surprise, ou tout au moins de doute, la porte du salon s'ouvre avec une précipitation remarquable, et l'intendant de M. le baron entre, le chapeau à la main, et de l'air de la plus profonde affliction :

— Est-ce par votre ordre, madame, dit-il en allemand à la baronne, qu'on *a osé* mettre les chevaux de M. le baron à la calèche du général ?

Un mouvement de tête bien positivement négatif échappe à la noble dame, en même temps qu'elle regarde fixement le général comme pour le prier de répondre.

Le général se tait.

— Je dois prévenir madame la baronne,

continue le survenant, que les gens de monsieur le baron ont reçu de lui l'ordre exprès de ne pas laisser sortir ses chevaux en son absence; je dois aussi lui avouer qu'ils sont décidés à s'opposer par la force aux intentions de monsieur le général, qui sont visiblement d'enfreindre leur consigne...

—Il y a ici quelque malentendu, dit alors la baronne assez vivement affectée; et immédiatement elle traduit en français au général la harangue de l'intendant.

— J'ai eu l'honneur de dire à Madame que je m'étais entendu avec le baron : me croit-elle capable d'avancer un mensonge?

La baronne, qui se trouve investie par le fait des fonctions d'interprète, explique aussitôt à l'intendant ce que vient de dire le général. Pour toute réponse, le flegmatique intendant s'approche d'une croisée, et soulevant un rideau de mousseline, il montre à sa maîtresse une cinquantaine de vilains, armés de bâtons, de haches, et de quelques fusils. Ils sont décidés, répondit-il en allemand, à retenir les chevaux favoris de leur maître.

— *Das is nicht moglich* (1), dit alors le général avec un sourire dédaigneux, et sans vouloir précisément faire parade de son savoir dans la langue allemande.

Puis, ouvrant brusquement la croisée, auprès de laquelle se trouvait encore l'administrateur des biens de M. le baron, il donne à haute voix au capitaine des grenadiers l'ordre de faire charger sur-le-champ les armes de sa compagnie.

L'intendant, qui a compris, devient d'une pâleur excessive.

La baronne est obligée de s'appuyer sur un fauteuil.

Pendant qu'on exécute cet ordre inattendu,

(1) Cela n'est pas possible.

en présence des belligérans, dont l'attitude perd subitement tout ce qu'elle avait de martial, le général prend une des mains de la baronne effrayée, la porte à ses lèvres, s'incline devant la jeune personne, qui, pendant cette scène, s'était placée sans mot dire sous la protection de sa mère, et s'éloigne en balbutiant quelques vagues complimens d'usage.

Un soldat qui servait de cocher au général était déjà placé sur le siége; un autre s'était mis en postillon. Son valet de chambre, qui l'attendait dans la cour, ouvre précipitamment la portière; le général monte en deux temps, et l'on fouette les chevaux, qui d'abord se cabrent comme pour protester aussi contre cette horrible violation des lois de l'hospitalité; mais ils sont entraînés par de vigoureux coups de fouet, et ne résistent plus.

La voiture part comme un trait. Le cocher

du baron, désespéré, hors de lui, se précipite derrière, décidé visiblement à ne point abandonner ses chevaux.

Un concert de plaintes, de cris, de juremens, d'imprécations, de sanglots, se mêle au bruit que fait la calèche en s'éloignant ; les armes tombent des mains des paysans décontenancés, et bientôt, voiture et chevaux, tout a disparu.

Quelques jours après ils traversaient le Niémen, déjà maigres et efflanqués, à la suite des bagages du troisième corps ; et six mois plus tard, les pauvres bêtes jalonnaient de leurs cadavres la route dévastée de Moscou à Smolensk.

Le fidèle serviteur du baron n'abandonna les tendres objets de l'affection de son maître, et de la sienne propre, qu'après qu'il les eut vus sans mouvement sur la terre froide et durcie.

Tablettes d'un Sous-Lieutenant.

*

Après moi la fin du monde.

1812, *Janvier*. — Sorti le 17, brevet en poche (1), et bien content. Ouf!

Uniforme vert; paremens, collet, retrous-

---

(1) L'annotateur, qui se parle à lui-même, n'avait pas besoin de se dire d'où il sortait. Le lecteur voudra bien ajouter au mot *sorti: de l'École de Saint-Germain.*

sis et passe-poils jaune-citron. Epaulette blanche. C'est le plus joli de l'arme des chasseurs.

Rejoindre à Strasbourg un des escadrons de guerre du régiment.

Je ferai la campagne, et je verrai l'empereur sur un champ de bataille !

Le 18. — A Paris, commandé deux uniformes complets chez Barbichon-Walter.

Le soir aux Français :

Vu *Zaïre* et *les Plaideurs.*

En sortant, dépensé dix francs, *sans boire ni manger.*

Le 19. — Retenu ma place à la diligence, et passé la journée chez ma mère ;

Le soir, à la bouillotte, chez madame de Saint-Albin, où l'on m'avait présenté. Perdu 195 francs.

Reconduit la nièce de cette dame.

Le 20 au matin. — Prêté six napoléons à sa femme de chambre, pour remplacer un superbe cabaret de porcelaine qu'elle m'a dit avoir cassé en l'absence de sa maitresse.

La porcelaine est chère à Paris... oui, mais quelle nuit!...

Le 21. — Dîné chez Véry, avec trois camarades d'école.

Le soir, rue Villedot. Couché.

Le 22. — Adieux à ma mère.

Monté en diligence rue Notre-Dame-des-Victoires, à cinq heures.

Le 23. — En diligence.

Personne pour causer dans la voiture : une vieille et quatre bons bourgeois qui n'ont cessé de parler du système de blocus continental. Pas un mot de la guerre!

24 et 25. — En diligence.

Je m'ennuie; heureusement on fait du chemin.

A la dînée, une servante jolie et bonne enfant. Sans le conducteur...

Le 26. — Arrivé à Strasbourg, malade et souffrant.

Descendu à *la Maison-Rouge*.

Le 27. — Mandé un chirurgien, brave homme qui promet de me guérir radicalement en huit jours, et *an dolor!*

Le 4 février. — Visité mon colonel et les officiers supérieurs du corps. J'étais en grande tenue, pour la première fois. Tous m'ont assuré que je portais bien l'uniforme; un d'eux a connu mon père à l'armée de Moreau, où il était chef d'escadron. Mon pauvre père, il est mort glorieusement au champ d'honneur, à deux pas de Napoléon !

Le 6. — Nous passons le Rhin après-demain, pour nous porter en avant.

Je les verrai donc ces Allemandes !

Le 7. — Offert un punch à messieurs les officiers.

Dépensé 795 francs 75 centimes.

Tous prétendent que c'est pour rien, attendu que l'on n'a cassé que pour 500 francs au plus.

Le 8. — Jour du départ.

Duel avec un sous-lieutenant, *chef de ca-otte* (1). Blessé au bras gauche d'un coup de *bancal* (2).

Ils ont voulu me tâter, mais on est bon là !

Je pars tout de même.

Ledit. — Passé sur le pont de Kehl.

Fin de février. — Visité Rastadt, où les plénipotentiaires français furent assassinés lâchement par ordre de l'Autriche.

Traversé l'état de Bade et partie de la Bavière.

Vu Munich.

Soupé dans une maison bien tenue, mais pas un mot de français de la part de ces demoiselles : grands pieds, etc.

Wurtzbourg, ville triste.

Je n'ai pas couché chez mon hôte, qui

---

(1) Le doyen dans ce grade.

(2) Sabre de cavalerie légère.

menaçait de me noyer de bière, et me poursuivait de ses pipes et de son langage tudesque.

Mars. — Séjour à Leipzig.

Jolie ville entourée d'un jardin anglais. Des grisettes ravissantes.

Fin de mars. — Entrée en Prusse.

Vilaines gens, sots et gourmés.

Les femmes, comme ça.

A Berlin, ils m'ont conduit chez la fameuse madame Bernard, chef d'un pensionnat de demoiselles qui boivent du punch et fumeraient au besoin.

Passé huit jours à Berlin.

De là fatigue sans plaisir; du bruit, du mouvement, des orgies.

Visité le parc de Charlottembourg.

Le 17 avril. — Passé en revue par le roi de Prusse. Ce qui m'a frappé dans ce souverain, c'est qu'il portait l'uniforme de l'infanterie de son armée, et était coiffé d'un schako soigneusement recouvert d'une coiffe en toile cirée. Singulière couronne !

Quant au grand Frédéric, rien qui le rappelle à la cour ou à la ville.

Fin d'avril. — Passé à Thorn, sur la Vistule. Le lendemain, couché dans un village polonais.

Je suis en Pologne !

Le second jour, logé dans une maison en ruines, qu'on appelait sérieusement *schloss* ou château, bien qu'il fût de l'aspect le plus misérable. J'y ai trouvai un seigneur polonais, noble comme le roi, et sa femme et ses deux filles : tout cela est la beauté même (ces dames) ; je n'ai rien vu de plus séduisant à la fois et de plus attristant. Rien n'égale leurs grâces et la noblesse de leurs manières, si ce n'est pourtant la misère qui les environne, et dont elles ne sont pas exemptes. Elles s'expriment en français beaucoup mieux que nous tous. Le lieutenant de ma compagnie, vieux soldat *qui fait des cuirs,* a arraché plus d'un sourire à ces beautés sarmates : mon amour-propre en a cruellement souffert ; et l'honneur national !

Le soir, invités à prendre le thé, sans doute pour nous indemniser de l'exiguïté du repas principal ; on nous a servi du sucre dans un porte-mouchettes.

Le 7 mai. — Logé dans un magnifique château, véritable demeure royale, appartenant à un prince palatin qui réside à Varsovie.

Son intendant, bon gré mal gré, nous a fait les honneurs du château ; mais il est clair qu'il exploite notre présence à son profit, et qu'il porte en dépense une foule de choses qu'il n'a pas, dit-il, en sa possession.

Heureusement il a une nièce, une nièce qui parle français ! Vengeance !

Anna. Dix-sept ans ; cheveux blonds, avec des yeux noirs.

Resté deux jours ! deux jours seulement !
Dieu ! que le temps passe vite quand on est
heureux !

>Plaisir d'aimer ne dure qu'un moment :
>Chagrin d'amour dure toute la vie !

Je me souviendrai d'Anna... Ah ! oui,
toujours !

Mai. — Marches et contremarches.

L'empereur veut inquiéter ou fatiguer son
ennemi. Nous approchons du Niémen, et nous
en éloignons...

Revenu en Prusse.

Je n'aime pas la noblesse de ce pays ; elle
est orgueilleuse et maussade. On nous fait ici
cérémonieusement mourir de faim et surtout
de soif... De la bière, du chenick et du pain
bis !... Ces bons Polonais, pour la plupart si
pauvres, ils nous offraient tous du champagne ! C'est là une nation !

15 *juin*. — Rentré en Pologne (la Lithuanie).

Revue du roi Murat.

Quel souverain ! je l'ai pris pour un héros de mélodrame. On le dit d'une bravoure fabuleuse. A la bonne heure ; mais le Niémen n'est pas encore passé, disent toutes les vieilles moustaches, et déjà notre cavalerie, qu'il commande en chef, est sur les dents.

Quant à moi, j'en suis déjà pour un cheval, que le seigle, mangé vert, m'a tué en huit jours.

Le 17 *juin*. — A Kalisch.

Vu pour la première fois le maréchal Ney, mon héros après l'empereur.

Logé à trois lieues de là, chez la femme d'un colonel prussien qui sert dans nos rangs, baronne fort jolie, et qui se donne vingt-neuf ans. Reçu comme l'enfant de la maison... J'ai violé les lois de l'hospitalité !... Pauvre colonel!... Ah, bah! un Prussien! Et puis, ce n'est pas ma faute; j'étais vraiment comme en état de siége...

22 *juin.* — On annonce que l'empereur sera près de nous ces jours-ci.

23. — Aux bords du Niémen,

Demain j'aurai mis les pieds en Russie. En Russie!

24. — Au matin, les corps d'armée s'ébranlent pour traverser le seul fleuve qui nous sépare encore de l'ennemi.

L'empereur s'est placé sur une des rives de ce fleuve; devant lui défilent les troupes aux cris assourdissans de *Vive l'empereur!*

Ah! que c'est beau!

Mon cœur est prêt à défaillir de joie.

Même date. — Nous avons passé le Niémen. Les Russes fuient à notre approche. L'empereur nous passe en revue en-deçà de Kowno.

Il compte être dans trois jours à Wilna.

Ce n'est pas lui qui se trompe.

25 *juin*. — Quelle nuit ! Toutes les cataractes du ciel se sont ouvertes sur nous.

Le régiment a perdu plus de quatre-vingts chevaux dans cette seule nuit.

On nous désigne à l'instant pour faire partie de l'avant-garde.

Le régiment se porte en avant.

Ce soir ou demain je verrai les Russes !

Écrit à ma mère.

7 *juillet*. — Traversé Wilna au galop. De l'autre côté de cette ville quelques Cosaques font mine de nous attendre un instant. On les disperse.

Du 8 *au* 15. — Marché en avant, sans rien voir.

Le 15. — J'ai déjà bivouaqué huit fois.

Mon colonel m'a adressé aujourd'hui quelques paroles obligeantes. Pendant qu'il me parlait, je n'ai cessé d'avoir les yeux sur la croix d'or qui pend à sa boutonnière... Officier de la Légion-d'Honneur!

29 *juillet.* — Nous avons eu un engagement avec des cavaliers russes.

J'ai chargé pour la première fois; ils ont été ramenés.

Mon sabre s'est teint de leur sang. N'est-ce que cela ? j'avais peur d'avoir peur...

Mois d'août. — Nous voici devant Smolensk. On s'attend à une affaire sérieuse : les vieux disent que *ça chauffera.* Tant mieux.

Écrit à ma mère.

Ce soir, j'ai eu un peu de fièvre.

On m'a quelquefois parlé de pressentimens; est-ce que j'en aurais?

Si je pouvais gagner la croix ! A dix-neuf ans, et ma première campagne !

Mon père a reçu son sabre d'honneur à dix-huit...

Quatre heures du matin. — L'ennemi paraît vouloir nous disputer Smolensk et le passage du Borysthène...

On entend déjà la fusillade et le canon sur plusieurs points.

Nous recevons l'ordre de faire, en toute hâte, un mouvement sur notre gauche...

On sonne à cheval.

Le bruit se rapproche de nous...

J'ai encore un peu de fièvre... Si je pouvais rencontrer l'empereur et l'apercevoir !...

Oh! ma patrie!... *Vive Napoléon !*

Ma mère, ma mère!... Je songerai à elle tout le temps... Anna... Mon père!

La croix, je l'aurai... ou je...

En avant !

(Ces tablettes ont été trouvées dans la poche d'un jeune sous-lieutenant de chasseurs (4ᵉ de l'arme), tué sur la rive gauche du Borysthène, à l'attaque de Smolensk, après une charge, au moment où il essayait de s'emparer, lui second, d'un étendard que défendait un peloton de cavaliers russes.)

QUI PASSERA LE PREMIER?

Qui passera le premier?

✻

Le vrai peut quelquefois n'être pas vraisemblable.

Ce fut dans la matinée d'un des derniers jours du mois d'octobre 1812, que Napoléon, en revenant de Moscou, avec les débris, encore assez respectables alors, de la plus belle armée que jamais il eût eue sous son commandement, quitta la ville ruinée et aux trois quarts incendiée de Smolensk, pour se diriger par Krasnoï, Orscha et Kowno, sur Wilna.

La présence du grand homme, si prodigieux encore dans sa défaite, et dont la grande âme était bien plutôt étonnée qu'abattue, avait redonné quelques instans de vie à la malheureuse cité de Smolensk, dont la conquête, si chaudement disputée à quelques mois de là, avait coûté tant de sang aux Russes et aux Français. L'empereur logea pendant quelques jours dans une maison trois ou quatre fois dévastée qu'il avait occupée à son premier passage, et où cette fois l'on avait eu de la peine à placer son lit de campagne.

Je le vis là pendant son sommeil, presque seul, à peine gardé; la chambre où il reposait était, par plusieurs endroits, exposée aux injures de l'air. Lauriston, de service auprès de lui ce jour-là, reposait étendu sur une chaise longue; et pour contempler celui qui faisait encore trembler tant de rois, je n'eus qu'à pousser une porte entr'ouverte. Ce n'est pas là qu'on rencontre sur son passage une double haie de courtisans.

Lorsque l'armée revint de Moscou, le général de division comte Charpentier commandait dans Smolensk. Autour de cette ville était cantonné le neuvième corps, et obéissait aux ordres du maréchal duc de Bellune, qui n'a jamais dépassé cette ville : c'est là que ce maréchal laissa prendre, on ne sait trop comment, une division entière de son armée.

L'intention de l'empereur en quittant à jamais Smolensk était d'en faire sauter la citadelle, et de détruire les fortifications, qui ne se composaient, comme on sait, que d'une muraille flanquée d'un certain nombre de grosses tours. Le général comte Charpentier, à l'état-major duquel j'étais alors attaché, fut nommé chef d'état-major du premier corps, commandé par le maréchal prince d'Eckmülh, et dut suivre la destination de ce corps.

L'ordre du départ fut donné.

Vers quatre heures de l'après-midi nous abandonnâmes Smolensk, après avoir mis *par ordre* le feu aux maisons que nous avions occupées, et afin d'achever la destruction de la ville. Une heure après on entendit une terrible explosion : la citadelle sautait.

Cependant il restait encore en ville de nombreux blessés français reconnus intransportables, que l'horrible loi de la nécessité força d'abandonner. Ils étaient sous la garde de quelques officiers de santé; les uns et les autres se voyaient voués à la mort. Déjà quelques Cosaques avaient passé le Borysthène, qui baigne les murs de la ville, du côté de Moscou, et l'on apercevait des masses d'infanterie russe sur les hauteurs qui la dominent du même côté.

Le premier corps d'armée marcha toute la nuit ; il suivait le quatrième, et précédait le troisième, commandé par l'illustre et malheureux duc d'Elchinghen, à qui l'empereur avait confié, comme au plus brave, le périlleux honneur de former l'arrière-garde (1). On arriva une heure avant le jour au village

(1) Il reste quelques témoins d'une scène assez vive qui eut lieu cette nuit-là en ma présence. Le maréchal Davoust marchait à la tête des débris de son corps d'armée. Un officier-général, aujourd'hui membre de la chambre des députés, s'approcha de lui pour lui rendre compte d'une mission qu'il venait de remplir.—Ce n'est pas tout, lui dit le maréchal après l'avoir entendu ; vous allez retourner en arrière... Ici le général interrompt le maréchal : — Avec votre permission, je ne retournerai pas en arrière. — Comment ? — Je commande une brigade, et ma place est à sa tête. — Je vous ordonne d'obéir.— Je n'en ferai rien... Non, monsieur le maréchal. Davoust en fureur fait avancer une compagnie de sapeurs du génie, demande l'épée du récalcitrant général, la brise sur son genou, et en jette les morceaux loin de lui ; puis il ordonne aux sapeurs de s'emparer de l'officier-général, qui marcha toute la nuit entre une double haie de soldats.

de Krasnoï, situé sur une hauteur qu'on gravit par une rampe pénible, où l'artillerie du quatrième corps avait dû laisser une partie de ses grosses pièces. Pendant la nuit, un nouveau corps russe s'était joint à celui qui avait tenté d'arrêter la marche de l'empereur, et celle du quatrième corps qui formait l'avant-garde; en sorte que l'ennemi nous attendait là avec des forces imposantes.

Dès qu'il fit jour on aperçut des milliers de Cosaques à l'horizon; et des masses d'infanterie, appuyées de pieces de canon montées sur des traîneaux, s'ébranlèrent à notre vue, dans toutes les directions.

Le feu commença du coté des Russes. Quand l'action s'engagea sérieusement, je me chauffais à un feu de bivouac qu'avaient improvisé les sapeurs d'un des régimens de droite de la première division du premier corps. Le maréchal, qui n'était pas loin de là, cherchait à pénétrer les intentions de l'ennemi. Le général Charpentier, auprès duquel j'étais accroupi devant le feu, venait de m'adresser la parole ; il s'était levé sans que je m'en aperçusse pour s'éloigner. Un boulet vient tomber au beau milieu de notre feu ; se relève, après nous avoir couvert de cendres, d'étincelles et d'éclats de bois, et va frapper, cinquante pas plus loin, quelques files de soldats d'infanterie qu'il prend de flanc. La subite apparition du projectile ennemi jette de la confusion parmi eux, qui, comme moi, se chauffaient ; je me lève étonné, cherchant des yeux le général que le devoir me prescrivait de ne point quitter. D'autres boulets succèdent au premier ; au même instant un mouvement en avant est ordonné à la division qui m'avoisinait : pendant qu'elle se ploie en colonne serrée, pour se former ensuite en carré, je continue de chercher en vain mon patron. Tout déconcerté, j'aperçois le prince d'Eckmulh, à pied, vêtu d'une riche polonaise, et la longue vue à la main ; il était seul, absolument seul ; je m'approche de lui, et après lui avoir appris que je suis attaché à son nouveau chef d'état-major, que je n'aperçois plus depuis quelques instans, je demande et j'obtiens la permission de rester près de lui.

L'ennemi montrait alors des forces considérables et paraissait vouloir nous interdire le passage: il n'y avait là que les troupes du premier corps, et la jeune garde, aux ordres du maréchal duc de Trévise.

L'empereur s'était fait jour, protégé par les débris de sa vieille garde.

On ne voulait donc que passer, et conserver seulement la défensive; mais il fallait faire bonne contenance, et ne pas laisser prendre sur nous à l'ennemi cet avantage moral, cet ascendant du vainqueur qui décide souvent du gain des combats, et qu'il n'était que trop porté à s'arroger, eu égard à la position respective des deux armées. Il était indispensable aussi de ne pas trop s'isoler du corps de Ney, resté derrière, à Smolensk.

Il y avait une heure que je suivais le maréchal sans qu'il eût pu trouver l'occasion d'utiliser ma bonne volonté. Cette occasion se présenta. Dès le commencement de l'action, la division du général Gérard (aujourd'hui maréchal) avait reçu l'ordre de prendre position dans le village de Krasnoï, face à la gauche de l'ennemi, pour faciliter le mouvement de retraite de notre droite. Le maréchal, ayant jugé que cette division devait aussi se replier, m'enjoignit de lui en porter l'ordre. J'obéis.

J'ai dit qu'il fallait monter beaucoup pour arriver au village; bien qu'à pied, car la gelée obligeait à chaque instant les cavaliers à descendre de cheval, j'y parvins avec quelque peine.

En entrant dans Krasnoï, je suis frappé du silence de mort qui y règne. Je me dirige vers le côté où je devais rencontrer les troupes de la division Gérard : personne. Je me porte sur un autre point : même silence et même solitude. Au moment où j'allais tourner une rue, un bruit sourd d'armes et de pas parvient à mon oreille; je m'arrête, je regarde sans me montrer, et j'aperçois une colonne russe qui allait déboucher par là, tambours en tête, mais ne battant pas... Il était temps d'opérer ma propre retraite... Je me jette à droite, vers la route d'Orsha, et redescends au plus vite. Au bas de la montée, je trouve un poste français, et plus loin, en arrière, je rencontre la division Gérard, qui s'était retirée du village sans attendre l'ordre que je lui portais. Après avoir pris la liberté d'en témoigner de l'étonnement au général Gérard lui-même, je remplis ma mission, bien qu'un peu tard, et m'en retournai vers le lieu où j'avais laissé le maréchal.

Je venais de lui faire part de l'empressement qu'avait mis le général à se retirer, ce qui n'avait pas paru l'affecter beaucoup, quand il changea de place, en me faisant signe de le suivre. Je remarquai qu'il s'éloignait du point où combattaient les troupes sous ses ordres, pour se rapprocher de celui où se trouvaient les régimens de la jeune garde, qui tenaient bon. Là périt même tout entier un beau régiment hollandais de la garde, jusqu'à ce moment assez bien conservé.

Après avoir marché quelque temps dans la même direction, nous rencontrâmes un officier d'état-major du corps d'armée du maréchal ***, à qui le prince demanda s'il savait où se trouvait ce maréchal. L'officier offrit de nous conduire près de lui, et nous le suivîmes. J'étais loin de m'attendre à la scène singulière, pour ne rien dire de plus, dont j'allais être le témoin.

Nous suivions un chemin creux; la fusillade et le canon continuaient de se faire entendre, et les boulets se croisaient sur notre tête. A deux cents pas de là, nous trouvâmes le duc de ***. L'officier d'état-major s'éloigna.

Les deux maréchaux s'abordèrent avec humeur, et sans salut préalable. Ne me croyant pas autorisé à écouter l'entretien, je me tenais à distance respectueuse, et d'abord je n'entendis que quelques mots sans suite ou insignifians; mais, peu d'instans après, tous deux élevèrent la voix à ce point que je fus promptement au fait du sujet de la conversation.

Il s'agissait des mouvemens qu'avait ordonnés l'empereur à ses lieutenans. Sans doute ils avaient reçu, chacun en particulier, l'ordre de tenir là avec leurs corps d'armée le plus de temps possible, afin de donner à Napoléon le temps de filer avec son escorte, et de lier autant que possible leurs opérations à celles du duc d'Elchingen. Mais l'empereur, soit oubli, ou pour quelque motif, ne s'était pas expliqué sur la question de savoir lequel des deux corps d'armée aurait le pas sur l'autre. Or, la question que traitaient les deux illustres guerriers était précisément celle-là.

Après qu'on se fut donné mutuellement toutes les raisons qu'on croyait bonnes dans l'intérêt de la cause qu'on défendait, on en vint aux reproches, aux récriminations, aux gros mots, et enfin aux injures... oui, aux injures!

Tous les historiens qui ont écrit sur la mémorable campagne de Russie ont avoué le profond état de démoralisation où l'armée était arrivée, surtout pendant la retraite; aucun n'a déchiré tout-à-fait le voile qui couvre cet épisode hideux d'une grande tragédie. Généraux, officiers, soldats, tous n'avaient qu'une pensée, qu'un but, leur propre conservation, et, pour y arriver, tous les moyens étaient mis en usage : on n'avait plus d'énergie, et pour ainsi dire plus d'honneur... J'entendis là, de mes propres oreilles, deux illustres maréchaux, l'honneur du nom français, se disputer devant un tiers, et lorsqu'il était question de fuir, pour savoir *qui des deux passerait le premier.*

LE PILLAGE DU TRÉSOR.

Le Pillage du Trésor.

✽

Ventre affamé n'a pas d'oreilles.

L'honneur est comme une île escarpée et sans ports !
On n'y peut plus rentrer dès qu'on en est dehors.

Une chute toujours entraîne une autre chute.

Ce fut dans les premiers jours du mois de décembre 1812 que les débris expirans de la plus nombreuse armée qu'ait jamais fait mouvoir Napoléon, arrivèrent aux portes de Wilna, de retour de la cité des czars, qu'ils avaient conquise sur des soldats, et vu brûler par des barbares.

Ces guerriers désarmés, presque sans vie, vaincus par l'âpreté du climat; ces spectres, que poursuivaient le froid et la faim, aspiraient depuis bien long-temps à cet heureux retour. Wilna leur semblait une terre promise; chacun d'eux croyait y retrouver un lit et du pain.

Le désappointement fut affreux, affreux comme la mort qu'on sent venir à soi.

L'empereur ne s'y arrêta que quelques heures. Il donna l'ordre aux administrations françaises qui occupaient encore la ville de l'évacuer sans délai. Cet ordre portait qu'il n'y serait laissé que les officiers de santé strictement nécessaires pour n'avoir pas l'air d'abandonner officiellement le nombre immense de malades et de blessés qui s'étaient traînés jusque là pour y mourir avec l'aide des gens de l'art.

Des nuées de cosaques précédaient, suivaient, coupaient l'armée de fuyards qui s'était précipitée sur la ville lithuanienne; elles couronnaient les hauteurs qui l'entourent.

A l'une des portes qui regardent le nord, quelques uns étaient même entrés dans le faubourg avec la foule effrayée qui fuyait devant eux...

Une division tout entière, du plus bel aspect, forte de sept ou huit mille hommes en parfait état de santé, composée de régimens nouveaux recrutés dans les belles campagnes de la Toscane et de l'Étrurie, enlevés aux plaines fertiles de la Lombardie et de l'état de Gênes, avait quitté Wilna l'avant-veille du retour, chaudement vêtue, bien approvisionnée; elle avait mission de protéger l'entrée en ville de *la grande armée de Moscou*.

Deux jours de marche au-devant de ce

squelette d'armée, par un froid horrible, dévorant, le froid dont il est question dans le trop célèbre *vingt-neuvième bulletin*, avaient suffi pour l'anéantir.

Conformément aux ordres qu'elle avait reçus, cette division jalonnait la route, intacte, en bon ordre à ses rangs, en belles capotes neuves, à une dizaine de lieues de Wilna, mais sans mouvement, mais morte et gelée.

Un convoi considérable de pain, que cette troupe défunte avait escorté, et que ses cadavres semblaient garder encore, interceptait le chemin.

On le pilla. Les spectres survenus mangeaient, mangeaient; et puis ils tombaient étouffés sur leurs camarades glacés.

Un autre genre de mort attendait, aux portes de Wilna, ceux qui n'avaient pas pris part à cet affreux festin. La crainte des Cosaques, crainte vague et sans motif, qu'expliquait l'état commun de démoralisation, rompait les liens de toute espèce d'ordre et de discipline ; on se poussait en aveugles, on montait les uns sur les autres pour pénétrer dans les murs ; les plus faibles servaient de marche-pied aux plus robustes. La garnison fut obligée de s'employer à déblayer les morts pour ouvrir un passage aux vivans.

Quand la funeste nouvelle se répandit que la ville allait être immédiatement évacuée, et que l'empereur était parti presque seul, sans suite aucune, on se tua aux portes pour en sortir, comme on s'était tué pour y entrer.

Tout alors devenait une occasion de mort.

Les juifs, ceux qui demandèrent à l'empereur Alexandre le prix du sang français qu'ils avaient lâchement versé, firent là de bons coups. Pour dépouiller un homme, on n'attendait pas qu'il fût cadavre ; on ne se voyait plus forcé de mettre une sorte de pudeur dans le vol : il fallait si peu de chose pour achever les mieux portans !

Et qui sait, qui saura jamais combien de ces malheureux, recueillis à dessein dans des maisons juives, et qui, pour obtenir les soins dont ils avaient un si pressant besoin, eurent le tort immense de montrer une ceinture pleine d'or, furent assassinés sans bruit, et ne sortirent plus de ces demeures inhospitalières !

Les survivans, protégés par la garnison de Wilna, qui se trouvait en bon état de conservation, s'acheminèrent donc par la route de Kowno, vers le Niémen.

Un trésor, sans doute celui du grand quartier-général de l'armée, et qu'on avait fait filer à l'avance pendant la nuit, suivait péniblement cette route avec son escorte.

On avait calculé qu'il pourrait être rendu sur le territoire prussien quelques jours avant le gros des fuyards.

Trois marches devaient suffire pour qu'il arrivât au Niémen.

Les destins en avaient autrement ordonné.

A quelques verstes de la ville est une montée assez peu longue, mais raide, difficile, et dont l'escarpement ordinaire était doublé par le mauvais état de la route, si souvent sillonnée par l'artillerie, et par la glace qui la couvrait.

Cette montée est bien connue de tous ceux qui ont fait la campagne de Russie, sous le nom de *rampe de Wilna.*

C'était là que l'honneur français, déjà si cruellement compromis par les élémens conjurés, devait recevoir un rude échec.

Je vous ai dit qu'il gelait, et de ce froid qui moissonnait des centaines d'hommes par minute...

Les caissons du trésor, solidement construits, en bon état, encore assez bien attelés, étaient parvenus jusque là sans accident notable. Un mauvais pas se présentait-il? les soldats du train redoublaient de zèle et d'ardeur, et le trésor passait outre, au bruit redoublé des juremens et des coups de fouet.

L'escorte elle-même se dévouait au besoin, et poussait à la roue. L'or inspire une sorte de respect. — Un trésor, ça doit passer partout, se disaient les soldats fatigués, en s'employant de toute la force de leur bonne volonté.

A la rampe de Wilna, les chevaux, d'abord étonnés et bientôt rebutés, marquent un temps d'arrêt : on les fouette; ils ronâclent...

Cependant l'avoine ne leur manquait pas, à la bonne heure aux chevaux de troupe.

On avait des chevaux de rechange.

On essaie de les atteler en avant de ceux qui déjà tiraient, et tous les fouets sont en l'air.

Résultat nul.

Les lourds caissons restaient comme cloués à leur place.

La partie montée de l'escorte se voit dans l'obligation de mettre pied à terre pour pousser la roue.

Elle n'obtient rien.

Les payeurs généraux et particuliers, les sous-payeurs, les agens du Trésor, conducteurs en chef et autres, se regardent avec effroi, et comme frappés d'épouvante à l'idée d'un naufrage.

On savait que l'empereur entendait que l'argent ne fût pas la proie de l'ennemi.

On se consulte, on s'anime du geste et de la voix; on essaie de réchauffer l'ardeur subitement éteinte des chevaux de trait.

Mais la neige durcie offrait partout à la superficie l'image d'une glace; les efforts qu'on avait tentés avaient fait perdre plus de terrain qu'on n'espérait en gagner, et le temps se passait en hésitations.

Un général suivait dans sa calèche, placée sur un traîneau. Il est avisé de ce qui arrive.

— Mon général, lui dit un payeur, le trésor est arrêté par un obstacle qui paraît insurmontable ; on craint de ne pouvoir aller plus loin.

Pour un moment, l'officier-général qu'on apostrophe ainsi, sort le bout du nez de l'énorme witchoura moscovite dans lequel il était comme enseveli :

— Vous badinez, je crois? Il faut que le trésor suive ; il le faut absolument... Le trésor! Que dirait Sa Majesté?... Fouettez vos chevaux, et en avant !

Et il cache de nouveau et avec grand soin le bout de son nez, qu'il avait un instant exposé aux atrocités de l'air; puis il fait signe à son cocher de dépasser les voitures qui le précédaient.

On se regarde encore, pendant que les charretiers, découragés comme leurs chevaux, tentent de se réchauffer au souffle de leur propre haleine.

Un parc d'artillerie très nombreux, supérieurement attelé, probablement un parc de réserve qui n'avait pas dépassé Wilna, est signalé à l'instant même par un employé.

Il n'était plus qu'à quelques centaines de pas en arrière du trésor.

Un préposé pique des deux, atteint la calèche, et hèle de nouveau le général au witchoura.

— Il s'agit de sauver le trésor, lui dit-il ; si l'on s'emparait des chevaux d'un parc d'artillerie qui vient derrière nous?

— Un parc d'artillerie ? répond le général en risquant une seconde fois le bout de son nez; un parc d'artillerie ?

— Oui, mon général. A quoi bon des canons aujourd'hui?...

Qui le croirait! L'avis, quoique honteux, quoique infâme comme la réflexion qui l'accompagne, est favorablement accueillie!

— Ordonnez que les chevaux soient mis à votre disposition; je m'en rapporte à votre zèle, et si vous sauvez le trésor, je ferai un rapport sur vous. Allez!

Le parc s'était avancé. On s'abouche avec l'officier supérieur qui le commandait.

— Moi, livrer mes chevaux! dit-il en rougissant d'une vertueuse colère. Quel est le J.... f..... qui a pu donner cet ordre?

Un *C'est moi* part du fond de la calèche, un instant arrêtée.

— Impossible!

Et s'approchant de la voiture :

— Est-ce sérieusement, dit-il, que l'on me parle d'abandonner mes pièces?

— Oui, monsieur, très sérieusement.

— A moins d'un ordre écrit de mon chef immédiat, je n'en ferai rien.

— Comment, monsieur!... (*A part.*) Quel froid!... Ils ont résolu de me faire geler!...

(*Haut..*) Obéissez, et promptement. Je suis le général R..., aide-de-camp de l'empereur : je vous rends responsable des évènemens qui peuvent arriver au trésor...

— Mais, général, cette belle artillerie?

— Il s'agit bien de faire du sentiment, ma foi! Obéissez, ou je ferai mon rapport... Votre nom, monsieur?

— Artilleurs, en avant!... Je me f... du trésor : le devoir avant tout.

Et la marche du parc, un instant suspendue, est reprise, malgré les récriminations du général, d'ailleurs à moitié étouffées par la fourrure épaisse de son witchoura.

En ce moment, une voix, une seule, part d'un des petits groupes de fuyards disséminés sur la route, et fait entendre ce cri redouté : *Au Cosaque!*

Au même moment, le traîneau de l'officier-général protecteur du trésor est enlevé par les chevaux : il disparaît.

Les payeurs, les sous-payeurs disparaissent.

Les conducteurs et tous les autres employés disparaissent.

L'escorte elle-même se dissipe et se perd parmi les traîneurs.

Tous se jettent à droite et à gauche de la route, en cet endroit très large.

Une autre voix, ou peut-être celle qui déjà s'était fait entendre, ajoute ces mots :

— *A moi, mes amis! pillons le trésor!*

Tout aussitôt des bandes de fuyards qui tournaient la montée dans toutes les directions se rallient à ce cri, et fondent sur les précieux fourgons.

En un instant ils sont cernés par une nuée d'oiseaux de proie; on se précipite sur les serrures, on les force avec tout ce qui se trouve sous la main.

Ils volent en éclats, et sont ouverts.

Des soldats de toute arme, des valets, des

employés, et jusqu'à des officiers, y puisent à pleines mains l'or et le déshonneur...

D'abord on dédaigne de prendre les pièces de cinq francs; on les jette au loin sur la neige...

Mais aux pillards succèdent d'autres pillards: il s'agit de conquérir les meilleures places; et pour cela on passe promptement des injures aux coups.

Ceux qui ne peuvent obtenir leur bonne part de la curée s'irritent : les sabres se tirent. Quelques uns des premiers venus, qui se retiraient chargés d'or, tombent sous les coups des derniers arrivés.

Les rouleaux de napoléons changent plusieurs fois de maître en quelques minutes...

Le cri *au Cosaque!* se fait entendre de nouveau, mais il est sans effet. L'amour de l'or l'emporte sur la peur, et l'on ne quitte les caissons qu'entièrement vides, brisés et renversés sur la neige rougie par le sang des pillards.

Le rapport de ce fait fut soumis à l'empereur, qui le déchira après en avoir parcouru les premières lignes.

LE VAUDEVILLE
SUR LE VOLGA.

Le Vaudeville sur le Volga.

✵

Il faut chanter, il faut rire.

Vers la fin de l'automne de 1813, un convoi de prisonniers français, fort d'une trentaine d'officiers et d'un peu moins de cent soldats, vint, par ordre de l'autorité russe, habiter le triste bourg de Soligalitz, à quelques verstes de Kostroma, ville assez importante, située sur les bords du Volga, et chef-lieu du gouvernement de ce nom.

C'était alors un pauvre séjour que le bourg de Soligalitz; et pourtant il était écrit que les infortunés dont nous allons occuper le lecteur y végéteraient plus de dix-huit mois; jusqu'à ce que la défaite de Napoléon, en replaçant Louis XVIII sur le trône de ses ancêtres, eût satisfait au vœu soi-disant *national* exprimé par quelques vieilles têtes et une poignée de traîtres et d'intrigans.

Au milieu d'un vaste éclairci, pratiqué dans une de ces immenses forêts de sapins qui couvrent la presque totalité du sol moscovite, s'élevaient quelques centaines de maisons de bois, montées sur des assises de briques, et placées çà et là sur les bords inhospitaliers d'une petite rivière qui coupait le bourg en deux parties presque égales. Une église, entièrement construite en bois, et surmontée de cinq clochers, selon le rit grec, un bazar ou marché, et quelques maisons de briques, plus élevées que les autres, tels étaient les édifices qui embellissaient le séjour de Soligalitz.

En Russie, dans les villes, l'autorité réside entre les mains de deux chefs : l'un civil, le *sprawenick*, ou maire et chef des paysans ; l'autre militaire, *le gorodnitz*. Celui-ci a la haute-main sur le premier. Les prisonniers français relevaient tout naturellement de la seconde de ces deux autorités.

Lorsque le convoi, commandé par un officier des *drouginas* (espèce de milice nationale chargée de garder l'intérieur pendant que l'armée était presque tout entière à l'étranger), eut été formé sur deux rangs au centre du bazar, on avertit le gorodnitz.

Les officiers descendirent de leurs *kibicks*, petites voitures à une ou deux places, qu'on leur accordait en route pour le transport de leur personne et celui de leurs bagages, et se placèrent à la tête du détachement, en attendant l'arrivée du gorodnitz. Pendant ce temps, les *mugicks* (paysans), au regard fixe et stupide, à la mine hébétée; *les koupietz* (marchands), au sourire à la fois niais et dédaigneux, à la contenance triomphante de sots qui se croient victorieux, formaient indiscrètement un cercle pressé autour des prisonniers, affaiblis par les peines morales, la fatigue et les privations; et, se les montrant tour à tour du doigt, faisaient sur tous de niaises réflexions, et ne craignaient pas de chercher à les humilier.

Le gorodnitz, après avoir lassé la patience des Français, car il ne se sentait pas la force de faire violence à ses habitudes pour de malheureux prisonniers, des *chiens de Français*, arriva enfin dans la compagnie de l'officier qui avait conduit et volé le détachement du chef-lieu à sa destination définitive.

Une revue fut passée avec soin pour constater l'effectif des présens.

C'était un spectacle à la fois curieux et attendrissant que celui d'une colonne de prisonniers français, voyageant au fond de la Russie.

Quelques soldats, plus heureux que le grand nombre de leurs camarades, conservaient encore des lambeaux d'uniforme ou la capote militaire; on en voyait qui avaient revêtu des habits qu'ils devaient à la charité des Allemands ou des Polonais, avant leur arrivée sur le territoire russe; d'autres qui s'étaient couverts d'uniformes ennemis ramassés sur les champs de bataille. Quelques uns portaient encore des débris de pelisses ou de fourrures qui les avaient préservés de la mort pendant la trop fameuse retraite. Tous avaient un long bâton à la main, et portaient pour coiffure une casquette à la prussienne, en drap de couleur tranchante, faite par eux des débris d'un pantalon hors de service, et ornée d'une visière grossièrement taillée dans quelque vieille tige de botte, ou plus simplement dans l'empeigne d'un soulier.

Les officiers n'étaient guère mieux équipés, à la réserve de quelques uns, qui avaient été pris en Pologne ou en Prusse par capitulation, et qui avaient pu conserver leur uniforme ou tout au moins un manteau; tous avaient été dépouillés au moment de leur capture; il leur avait fallu se rhabiller, bien ou mal, à leurs frais, sur la modique somme d'un demi-rouble en papier (cinquante centimes), qui leur était accordée par jour. Aussi la meilleure pièce de leur équipage était-elle, pour la plupart, une capote de soldat français qui leur avait été délivrée par les Russes, de quelques magasins pris dans celles de nos places fortes dont les alliés étaient parvenus à se rendre maîtres. Comme les soldats, ils étaient coiffés d'une misérable casquette; aucun n'avait conservé ses armes.

Revenons aux prisonniers de Soligalitz.

La revue terminée, des espèces de valets de ville, abrutis par l'usage immodéré de la détestable eau-de-vie du pays, et armés de la schlague, à l'instar des Prussiens leurs modèles, partagèrent les soldats en petites troupes, et les conduisirent, ainsi que les officiers, dans les logemens qu'ils devaient occuper, en attendant qu'on eût mis à leur disposition une maison en briques, assez vaste, à moitié construite, et pas entièrement couverte, dont on se proposait de faire la caserne.

Les officiers furent placés de préférence dans les meilleures maisons, moins celles des habitans privilégiés; car le privilége est là plus qu'ailleurs en première ligne. Tout habitant aisé qui se rachète par des présens faits au gorodnitz ou au sprawenick, selon le cas, est dispensé de toute charge. En Russie, du fonctionnaire le plus haut placé jusqu'au dernier soldat de police, tout le monde vit de concussions et d'extorsions.

Chaque soldat recevait par jour sept kopecks (à peu près un sou et demi de France), plus une ration d'un pain de seigle toujours détestable, dont le poids variait selon la province où l'on se trouvait. Il lui fallait vivre avec cela, si quelque industrie particulière ne lui permettait d'y ajouter quelques petites choses. Le gouvernement russe, qui faisait si peu pour ces malheureux, avait cependant le soin de choisir les gouvernemens (provinces) où les vivres sont au plus bas prix.

En hiver, et dans ces contrées, les froids durent au moins huit mois sur douze; on trouve assez aisément la solution de ce problème d'économie privée: vivre avec rien ou presque rien. La viande de vache, la seule dont tâtassent les prisonniers, coûtait de sept à dix copecks (moins de deux sous) *le pond*; ils en pouvaient manger une ou deux fois par semaine, après avoir eu le soin de la faire dégeler lentement à un feu doux. De très gros navets, dont la chair jaunâtre se rapproche assez, pour le goût, de notre radis noir, faisaient, avec la vache et le lièvre, la base principale de leur ordinaire.

Sans doute à ce mot de *lièvre* le lecteur a marqué de l'étonnement; ceci a besoin d'une courte explication.

Le poil du lièvre blanchit, en Russie, avec le retour du froid, à ce point que la robe de cet animal se trouve en parfaite harmonie de couleur avec la neige brillante et durcie qui couvre si long-temps la terre. Sa fourrure, dans un pays où l'on recherche toutes les pelleteries, dont on fait un grand commerce, triple alors de prix; et les paysans, qui le savent, lui font une guerre cruelle, mais une guerre de ruse, sans armes à feu. La noblesse seule, et peut-être aussi quelques bourgeois, quelques marchands enrichis, jouissent du droit de chasse. Avec la seule ressource d'un lacet, les sauvages habitans de ces contrées hyperboréennes prennent des quantités de lièvres vraiment prodigieuses, cet animal pullulant, d'ailleurs, d'une manière surprenante.

Il n'était pas rare alors de voir à Soligalitz, les jours de marché, c'est-à-dire deux fois par semaine, jusqu'à cinquante traîneaux chargés de lièvres dépouillés et tout d'une pièce, dont le prix ne dépassait jamais dix copecks la pièce (deux sous). Quand le prix de la viande était trop élevé, les prisonniers faisaient la soupe avec la chair du lièvre, ou l'arrangeaient en ragoût avec les navets géans dont il a été question plus haut. Ce dernier mets, qui nécessitait l'emploi du beurre, était plus particulièrement la nourriture des officiers. Ceux-ci joignaient aux deux mets principaux des soldats, quelques poules, pour les grands jours, des œufs, des choux, et parfois aussi des pommes de terre. Les uns et les autres avaient pour boisson du *couach*, détestable préparation, boisson nationale, aigre, acide et dans la composition de laquelle il n'entre que de l'eau, une certaine herbe, et de la farine de seigle fermentée. Quand on avait à célébrer quelque grande fête, le jour de saint Napoléon, par exemple (1), on se permettait quelques bouteilles d'une bière mal fabriquée, un peu de *vodkou*, espèce d'eau-de-vie sucrée, supérieure au *vina* ou eau-de-vie de grain, que les Russes avalent en si grande abondance ; et l'on buvait au succès des armes françaises.

(1) On ne saurait se faire une idée de *l'amour* que portaient les prisonniers à Napoléon, même après les malheurs de la retraite et pendant les souffrances de la captivité. C'est surtout chez les soldats que cet amour était le plus vif. Et lorsque, à la rentrée en France, à la fin de 1814, il fallut se soumettre et prendre la cocarde blanche, on eut bien plus de peine à y décider les soldats que les officiers.

Deux jours après l'arrivée du convoi des prisonniers la caserne fut prête à les recevoir; les dépenses qu'on se permit ne durent pas grever beaucoup le budget municipal. Un seul étage, le premier, leur était destiné. Il se composait d'une vaste pièce, de tous côtés accessible au froid, où l'on mit, ou plutôt où l'on entassa tous les soldats ; d'une autre un peu moins grande, où se placèrent tous les officiers qui ne voulurent ou ne purent pas se loger en ville à leurs frais ; et d'une troisième chambre, moins vaste que les deux autres, où se trouvait un four dans lequel, selon l'usage russe, on prépare tous les alimens, et qui devait servir de cuisine commune. Quelques officiers, vu l'exiguïté du local, furent même contraints de s'établir dans cette dernière pièce.

On s'installa le mieux ou le moins mal qu'on put ; quelques chaises arrachées à la bienfaisance de l'autorité, et le banc qui règne d'ordinaire autour d'une chambre russe, dans les habitations des dernières classes, composaient tout l'ameublement ; car il fallut ensuite réclamer à plusieurs reprises pour obtenir des tables. Pour lits, un peu de paille, et pour draps, un sac de toile, qui devait faire partie obligée des bagages de tout prisonnier, et dans lequel on se glissait le soir. On se couvrait avec ses vêtemens. Le bois de chauffage, qui presque partout pourrit dans les forêts, était donné en abondance aux prisonniers, pourvu qu'ils prissent la peine de l'aller chercher sur les lieux.

Les jours sont bien longs, bien tristes, bien vides quand on est abandonné, souffrant, malheureux, privé de tout, à douze cents lieues de son pays... car le gouvernement de Kostrôma est situé à deux cents lieues plus loin que Moscou de notre belle capitale. Que faire des heures éternelles que l'on avait à dépenser !

Lorsque la rigueur du temps ne permettait pas de se livrer au plaisir de la promenade, et c'était l'inconvénient dont le retour venait le plus souvent attrister nos pauvres exilés, on chantait en chœur, on dansait même ; on causait, on se querellait, on redisait les causes fatales de sa captivité ; pour la centième fois on racontait sa propre histoire ou d'autres faits non moins intéressans ; les menteurs donnaient carrière à leur imagination, et, bien qu'on fût persuadé qu'ils improvisaient, on les écoutait pour faire quelque chose. Les plus ingénieux, ceux qui se sentaient quelque goût pour les ouvrages manuels, fabriquèrent des jeux de toute espèce : on avait le loto, les échecs, les dominos, les dames, et jusqu'à un trictrac. On parvint aussi à se procurer des cartes, et alors commencèrent des parties dont quelques unes durèrent jusqu'à huit jours, et jamais moins de deux ou trois. Cela devint une rage, un délire: on jouait, en parlant, en mangeant, en dormant...

Quand on eut abusé bien plutôt qu'usé de tous ces moyens de récréation, l'ennui, qui toujours assiège un prisonnier, se fit jour de nouveau; il fallait se créer de nouvelles ressources pour les combattre; mais que faire?

Un officier, qu'une inaltérable gaieté distinguait de presque tous les autres, qui faisait de petits vers à Chloris, des épigrammes, des couplets, pendant que le plus grand nombre passait le temps à se désespérer ou à dormir, eut l'idée de construire un théâtre dans la caserne même, et d'y jouer la comédie.

On commença par le traiter de fou et par lui rire au nez.

Pour prouver le mouvement, il marcha; c'est-à-dire qu'il se mit aussitôt à composer sa pièce.

Cependant, la réflexion et un examen approfondi des localités démontrèrent que ce projet, s'il était d'une exécution difficile, n'était pas absolument impossible. Et au fait, il ne manquait que la place nécessaire, des planches, des clous, du papier, des couleurs, de la toile, des costumes... et les instrumens et la matière première pour fabriquer tout cela...

En quelques mois, toutes les difficultés qui n'étaient pas insurmontables avaient été victorieusement surmontées.

On commença par former *une masse de comédie*, car il devenait indispensable que tout le monde, même les ennemis du projet, ceux qui montraient le plus d'éloignement pour les jeux de la scène, concourussent de leurs deniers aux frais de l'entreprise.

On avait, au surplus, pour y subvenir, tout ce qui pouvait rester des dix sous par jour que touchait chaque officier pour se nourrir, se loger, s'habiller et pourvoir, outre les menus plaisirs, à l'acquisition d'une foule de petits objets de première nécessité.

Une simple cloison de planches, facile à démonter, séparait la chambre des officiers du vaste galetas qu'habitaient les soldats. Avec l'assentiment de ces derniers, qui consentirent à unir leur industrie à celle de leurs chefs, il fut convenu que la ligne de démarcation, qui dans un théâtre sépare la scène de la salle, serait tirée à l'endroit même où se trouvait la cloison; en sorte que la chambre des officiers forma le théâtre, et que le galetas où gisaient les soldats devint la salle.

Pendant que le joyeux auteur du projet cherchait à combiner des scènes intéressantes, à rimer de piquans couplets, on élevait le théâtre, qui fut bientôt prêt, bien qu'on fût privé de tout, bien que l'argent et le courage eussent été vingt fois près de manquer. Les rôles furent, aussi promptement que le reste, distribués, étudiés et sus.

Une seule chose embarrassait encore : comment se procurer des costumes de femmes pour ceux des acteurs qui devaient suppléer le beau sexe manquant?

Aux grands maux les grands remèdes : on recourut au gorodnitz lui-même. Une députation, composée de l'auteur de la pièce, du machiniste, peintre et décorateur en chef, et du premier comique, celui à qui était confié le rôle principal, se rendit chez le gorodnitz, dans le but apparent de l'inviter à honorer de sa présence la première représentation de *Monsieur Bobêche*, vaudeville en un acte, mais, par le fait, pour avoir le droit de demander à madame la gorodnitza les robes et accessoires dont on avait un pressant besoin.

Le gorodnitz, avare, méchant et renfrogné, ne reçut pas d'abord très bien la députation. Il faut dire aussi qu'il crut rêver; car il ne comprenait pas aisément dans son petit cerveau comment de pauvres prisonniers sans ressources avaient pu se procurer tout ce qui devait leur manquer naturellement ; il était d'ailleurs très peu porté d'admiration pour les arts d'agrément, et, selon toute apparence, n'avait jamais assisté à une représentation dramatique. S'étant donc ensuite un peu radouci, il donna la permission qu'on sollicitait, et promit de venir avec toute sa famille, bien qu'aucun de ceux qui la composaient ne comprît, pas plus que lui-même, un mot de notre langue.

On n'avait fait que le plus aisé ; il fallait encore décider madame la gorodnitza à ouvrir ses coffres à la troupe, et à en sortir ses belles robes. Ce ne fut pas trop de toute l'éloquence des députés, traduite habilement en russe par un interprète, pour décider la chère dame : elle consentit, non sans peine, et sans doute par curiosité, à ce qu'on lui demandait. On fit donc main basse sur sa garde-robe, et tout ce qu'on avait pu saisir, roulé en plusieurs paquets, fut immédiatement porté à la caserne, et partagé, selon les rôles, entre les acteurs-dames.

Cet obstacle aplani, il n'en restait plus à surmonter, pas même celui du rouge de théâtre, car, dans ce pays, le rouge fait partie obligée de la toilette de toutes les femmes, même de celles de la dernière classe (1).

Par un beau soir donc, après qu'on eut pris un repas plus modeste encore que de coutume, tant on était pressé de se donner le plaisir du spectacle, la représentation eut lieu. Afin de tout faire comme en France, on avait

(1) En 1813, les femmes russes en étaient encore aux modes françaises d'avant notre première révolution : elles portaient du rouge, des mouches, et des étoffes de soie brochées d'or et d'argent. Nous parlons des femmes de la bourgeoisie; celles de la noblesse suivent, ou à peu près, les modes françaises du moment. Ceci, bien entendu, ne s'applique qu'aux femmes du gouvernement de Kostroma.

prévenu le gorodnitz que l'on commençait à six heures. Le rideau ne leva pas, parce que la dépense de la toile eût dépassé de beaucoup les ressources de l'entreprise ; mais un prisonnier d'une force d'aveugle sur la clarinette, et qui avait eu le bonheur de conserver son instrument, exécuta pour ouverture, et d'une manière fort agréable, l'air : *Où peut-on être mieux qu'au sein de sa famille?* persuadé qu'il était que le gorodnitz ne manquerait pas d'apprécier tout ce que l'allusion avait de délicat.

On a deviné le sujet de la pièce. Selon l'usage antique et solennel, on y voyait un prétendu de province, sot et ridicule, *M. Bobèche*, qui ne faisait, ne disait que des sottises, comme tous les provinciaux ; et un Parisien, jeune, aimable et spirituel, comme ils le sont tous, qui bernait, conspuait et faisait fuir son rival. Tout cela se terminait par un mariage, et des couplets que les personnages répétaient en chœur.

Il n'était pas aisé, l'on en conviendra, de dérider des spectateurs qui n'entendaient pas un mot de français; aussi l'auteur ne comptait-il modestement que sur les suffrages de tous ses compatriotes. Mais quand parurent les personnages femelles, gauchement affublés des robes de madame la gorodnitza, quand celle-ci put remarquer que chacun d'eux pouvait disputer avec avantage à l'autre le prix de la laideur, un rire fou, un rire inextinguible, homérique, s'empara de tout l'auditoire et d'elle-même; elle pâma, et l'on put craindre un instant qu'elle ne vînt à passer. La morgue du gorodnitz n'y tint pas plus que celle de sa femme; il s'en donna à cœur-joie, ainsi que ses enfans et les Russes de sa suite. Les acteurs eux-mêmes et le souffleur, quand ils virent qu'ils ne pouvaient se préserver de la contagion, prirent part à la commune joie, et la représentation demeura un instant suspendue.

Cependant cette excessive gaieté se calma, et la pièce, qu'on put enfin continuer, arriva sans encombre au dénouement.

Dès le lendemain, le bruit des exploits dramatiques de nos joyeux Français se répandit dans le bourg. La renommée fit son métier ; elle exagéra tout. Les *koupietz* (marchands), voulant au moins jouir du coup d'œil de la salle, arrivèrent en foule à la caserne ; il n'y eut pas jusqu'aux *mugiks* (paysans) dont la curiosité fut éveillée. Les rapports que firent ceux qui avaient vu à ceux qui désiraient voir, mirent toute la population en émoi ; soir et matin, les acteurs étaient assaillis par les visiteurs, accablés de questions, et pressés de se vêtir comme ils l'avaient été pour la représentation. On en demanda une seconde au gorodnitz, en offrant de payer. Le refus des prisonniers de condescendre à jouer en public, aigrit les curieux; ils jurèrent que s'ils apprenaient qu'on dût jouer à huis-clos, ils feraient le siége de la caserne. Enfin, on fit tant de bruit, cela prit un caractère si sérieux, que le gorodnitz, dans l'intérêt de la tranquillité publique, et peut-être aussi dans celui des prisonniers eux-mêmes, se vit dans l'obligation de leur défendre de jouer une seconde fois, d'ordonner la démolition du théâtre, et de faire tout remettre en place.

Monsieur Bobèche, malgré le succès qu'il avait obtenu, ne fut donc pas rejoué : les prisonniers, fort contrariés, durent se créer une autre occupation. Mais on conservera long-temps dans ce lointain pays le souvenir d'un aussi piquant exemple de la résignation et surtout de la gaieté française. Il avait fallu que les hautes combinaisons de Napoléon le portassent à faire la conquête de Moscou pour que des Russes vissent ce qui ne s'était jamais vu, ce qui probablement ne se reverra jamais : *le vaudeville sur le Volga.*

LA DANSE DE L'OURS.

La Danse de l'Ours.

*

Il n'y a point de sot métier.

A l'issue de la retraite de Russie, au commencement de 1813, une même infortune avait réuni dans la plus modeste chambre de l'hôpital militaire de Gumbinnen, petite ville de la Prusse orientale, quatre officiers de l'armée française qu'un affaiblissement total ou des blessures avaient forcés de s'arrêter là au risque d'y périr.

Le premier était un officier attaché à l'état-major du prince de Neufchâtel, major-général de la grande armée.

Le second était lieutenant de cuirassiers dans un des régimens de cette arme employés au deuxième corps.

Le troisième était capitaine au 84ᵉ régiment, et appartenait au quatrième corps, connu alors sous le nom d'*armée d'Italie*.

Le quatrième, enfin, servait comme enseigne dans les chevau-légers Westphaliens.

Il était écrit qu'un seul de ces quatre infortunés sortirait vivant du lieu de misère et de désolation où les avait conduits un grand désastre.

Trois y perdirent successivement la vie. Une sorte de pacte avait été conclu entre eux, dès qu'ils avaient été rendus, après de longs jours de souffrance, à la connaissance du malheur qui les réunissait. Il était convenu que les effets et l'argent de ceux qui succomberaient appartiendraient de droit aux survivans.

L'arrivée en ville d'un essaim de lâches Cosaques, qui, sans respect pour le courage malheureux, forcèrent les portes de l'hôpital, et pillèrent tous les malades français dans leur lit, empêcha l'exécution de ce saint traité. Rien ne leur fut laissé, pas même le lambeau de chemise qui leur restait!

Le capitaine d'infanterie, qui avait cru pouvoir sauver quelque peu d'or qu'il possédait, horriblement affaibli par une affreuse dyssenterie; fut celui qui mourut le premier. Le chagrin de se voir privé de son unique ressource le fit descendre un peu plus tôt dans la tombe.

L'officier de cuirassiers le suivit de bien près, en appelant des noms les plus doux sa mère et sa sœur, qu'il croyait voir au chevet de son lit.

L'amputation des dix doigts des pieds avait été faite à l'officier de chevau-légers. Il avait eu les pieds gelés; et, c'était, au dire des officiers de santé prussiens, le seul moyen de lui sauver la vie, en évitant la gangrène. On ne la lui épargna pas : malgré les soins que lui prodiguaient quelques personnes charitables de la ville, et les secours qu'elles lui fesaient tenir, il mourut, persuadé qu'il venait de recevoir des mains de Napoléon le brevet de chef d'escadron et la croix de la Légion-d'Honneur.

Il faut dire que messieurs les praticiens employés par la Prusse *à soigner* nos malades et nos blessés, laissaient croire, par une conduite odieuse, inhumaine, qu'on leur avait donné les instructions les plus précises pour mettre hors d'état de servir le plus grand nombre possible de ces malheureux ; ils étaient sans pitié aucune. Bien des gens ont cru qu'ils avaient mission d'achever ceux qu'avaient épargnés les souffrances inouïes de la retraite.

Au nombre des personnes qui prenaient un vif intérêt au malheureux sort de l'officier de chevau-légers, se trouvait l'homme en qui résidait l'autorité civile à Gumbinnen. C'était un conseiller de régence, emploi qui répond à celui de sous-préfet ; il se nommait Fernow. Puisse le nom de cet homme de bien, de ce généreux ami de l'humanité, passer à la postérité la plus reculée !

Un jour qu'il était venu visiter *son malade* (c'est ainsi qu'il l'appelait), il ne trouva plus qu'un cadavre : depuis une heure un des draps de son lit lui couvrait la figure. L'honnête Fernow voulut au moins qu'il fût conduit à ses frais à sa dernière demeure ; et, mieux encore, il fit le survivant l'héritier de l'attachement qu'il portait au défunt. En causant, avec le dernier des quatre, des qualités du mort, le magistrat philantrope s'aperçut de l'affreux état de dénuement dans lequel il se trouvait. Son cœur en fut vivement peiné.

Une heure après, un domestique de confiance apporta du linge et quelques vêtemens au malade; et dès ce jour, les alimens qu'on préparait chez lui pour le Westphalien devinrent le partage de l'officier français.

Quelques jours se passèrent pendant lesquels celui-ci guérit presque entièrement de l'espèce de typhus dont se trouvaient atteints tous les malades de l'hôpital.

M. Fernow, malgré le danger de la contagion, le venait voir aussi exactement que le lui permettaient les nombreuses affaires dont il était chargé; ne se contentant pas de soutenir le physique du malade, il cherchait à remonter le moral, en lui prodiguant des paroles de consolation, et lui laissant entrevoir la possibilité de retourner bientôt en France.

Un matin, ce digne magistrat lui demanda s'il se sentait assez de forces pour se lever.

Sur la réponse affirmative du convalescent, il lui annonça que, dès le lendemain, il faciliterait son évasion de l'hôpital, et lui procurerait un logement en ville, chez un de ses employés, à la discrétion duquel il croyait pouvoir se fier, jusqu'au moment où il deviendrait possible de le diriger, au moyen d'un déguisement, vers l'Oder, où se trouvaient alors les avant-postes français.

On conçoit la joie que ressentit l'officier français à cette proposition. Dès ce moment ses forces revinrent. Pénétré de reconnaissance, il remercia mille fois son généreux protecteur, et ces remerciemens-là partaient d'un cœur vivement touché.

A quelques jours de là une servante lui apporta des vêtemens bourgeois, avec une lettre de M. Fernow, où était détaillé tout ce qu'il avait à faire pour s'échapper, le soir même, de l'hôpital.

On doit croire que le protecteur, pour assurer la fuite de son protégé, avait trouvé le moyen d'écarter les surveillans ou de les rendre moins attentifs, car la fuite projetée n'éprouva aucun obstacle. Au détour d'une rue qui lui avait été désignée, il trouva un affidé qui le conduisit jusqu'à la porte de la maison où il devait recevoir l'hospitalité au compte de son bienfaiteur.

Le lendemain, de fort bonne heure, il reçut la visite de celui-ci. Un plan d'évasion qu'il avait arrêté, fut déroulé devant le fugitif; il était de facile exécution. —Je vous procurerai, lui dit M. Fernow, une pacotille de marchand porte-balle et un passe-port; vous parlez italien; il vous sera fort aisé de vous faire passer pour un de ces Piémontais qui viennent jusque dans ces contrées commercer de quelques unes de ces bagatelles que recherchent nos jeunes filles. Votre intelligence et l'amour de la liberté feront le reste.

Tout semblait devoir aller pour le mieux;

malheureusement le bon M. Fernow fut un peu dérangé dans ses projets. Le nom français n'était pas précisément en faveur alors dans ces pays plusieurs fois maltraités par nos armées; on se souvenait des privations qu'il avait fallu s'imposer pour satisfaire aux caprices d'un vainqueur superbe, et contenter une soldatesque à peu près sans frein, surtout dans certain corps d'armée; et tout récemment, depuis le retour des Français, la population de Gumbinnen avait été décimée par le typhus dont on parle plus haut. Il avait transpiré quelque chose de la protection qu'accordait le conseiller de régence à un officier étranger; on parlait de trahison, on pensait même à le dénoncer à l'autorité supérieure. Il en fut informé, et se vit dans la triste obligation de sacrifier son protégé à la considération dont il jouissait, et aux préventions de ses administrés.

Pour brusquer l'aventure, et peut-être aussi

afin de se ménager la possibilité de préserver, par un autre moyen, l'officier français du sort malheureux qui le menaçait, il le livra publiquement à la gendarmerie prussienne, en recommandant toutefois de le traiter avec toutes sortes d'égards. L'influence d'honnête homme qu'il exerçait fut telle, qu'il obtint que le prisonnier ne serait pas, avant huit ou dix jours, dirigé sur Mémel, dernier poste prussien, pour être livré de là aux autorités russes.

Il obtint aussi qu'on le laisserait dans le logement qu'il lui avait procuré, afin de lui laisser le temps d'achever de se guérir; mais il eut le soin, à tout évènement, de n'enchaîner ni sa parole ni celle du prisonnier. Chaque matin ou chaque soir un gendarme venait s'assurer de la présence de celui-ci, et le laissait jusqu'au lendemain, tout-à-fait libre de ses actions.

La maison où il logeait était contiguë à une

auberge d'assez chétive apparence où descendaient des marchands forains et quelques uns de ces saltimbanques qui vont de ville en ville, mettant à contribution la bourse et la curiosité des provinciaux. Ce voisinage lui donna l'idée d'une évasion; mais quel moyen employer? c'est ce qu'il ne trouvait pas.

Son attention fut un jour captivée par deux hommes qui montraient un ours danseur, et rentraient pour coucher, dans cette auberge, après avoir exploré les différens quartiers de Gumbinnen. La voix publique lui apprit qu'un de ces deux hommes, celui qui paraissait être le serviteur de l'autre, venait de tomber dangereusement malade. Une idée subite, mais qui se fixa aussitôt, une de ces idées tenaces qui s'emparent de vous, qui vous dominent, lui fut suggérée aussitôt par cet incident, qui semblait ne devoir le concerner en rien.

— Si cet homme mourait, se disait-il, et que je prisse sa place?

Le soir même, à la tombée du jour, il vit l'ours qui rentrait au logis, conduit par un seul homme. Caché dans l'embrasure d'une croisée ouverte, il fit à cet homme un signe qui voulait dire qu'il désirait lui parler. D'abord on ne le comprit pas, et l'ours fut mis en danse, dans l'espoir qu'on en serait récompensé; il jeta dans la rue quelque petite pièce de monnaie de cuivre, et fit de nouveau au maître de l'animal danseur le signe d'entrer dans la maison. Cette fois il fut entendu. L'homme à l'ours rentra au logis pour remiser sa bête; et, quelques instans après, il reparut seul, demandant de l'œil s'il ne s'était pas trompé. Sur le signe qu'on lui fit d'entrer en toute confiance, il pénétra dans la maison.

L'embarrassant pour l'officier était de savoir à qui il allait avoir affaire. Il était à craindre que cet homme ne se trouvât être un Allemand, et, plus malheureusement encore, un Prussien. Dans l'un de ces deux cas, il n'eût pas été prudent de s'ouvrir à lui, et d'ailleurs notre aventurier ne savait pas vingt mots d'allemand. Il descendit à tout hasard cependant pour ouvrir, et l'homme à l'ours fut introduit.

Son premier soin fut de le faire passer dans une salle reculée, où l'on n'avait pas à craindre d'être surpris. Là, il le fit asseoir devant une table, où il plaça deux verres et une bouteille de vin qu'il devait à la générosité de son protecteur.

Un *Saluto, signore*, que fit entendre cet homme en entrant dans la salle, ôta un poids de cinq cents livres de dessus la poitrine de l'officier. Ces deux mots lui apprenaient qu'il s'adressait à un Italien; et, en effet, le conducteur de l'ours était un paysan de la rivière de Gênes.

— Comment se porte votre compagnon ? lui demanda aussitôt l'officier en langue italienne.

— *Il mio servitore?* répondit fièrement le Génois : *povero; e morto!* Et il fit un signe de croix.

— C'était votre domestique, et il est mort ! O fortune ! Voulez-vous gagner de l'or ?

— *Volontieri, signore : io sono povero...*
On s'expliqua dans la langue du Tasse et de l'Arioste. Quand l'officier sut que l'intention de l'homme à l'ours était précisément de rentrer dans son pays par l'Allemagne et la France, s'il le pouvait, il fut ravi, enchanté, et ne douta plus du succès de son entreprise. Il dit ce qu'il était, et dans quelle position il se trouvait; il pria, supplia, et finit par offrir cinquante napoléons au maître de l'ours

s'il voulait le prendre à son service, sous le nom et à la place du défunt, et lui servir ainsi d'escorte et d'appui jusqu'aux premières lignes françaises.

Le Génois ouvrit de grands yeux, se signa, parla des difficultés sans nombre qu'on aurait à surmonter, et mit même sa conscience en avant. Il était clair qu'il ne voulait que mettre sa complaisance au plus haut prix possible.

L'officier tint bon.

Mais quelles garanties de paiement offrait d'ailleurs un pauvre prisonnier, retenu à plus de cinq cents lieues de sa patrie ?

Celui-ci vit bien qu'il fallait doubler : il offrit cent napoléons, et quelque chose d'avance. Alors le Génois capitula.

On passa à l'examen des moyens d'exécution. Il résulta de la conférence que le maître de l'ours était porteur d'un passe-port où se trouvait, outre son signalement, celui de son domestique mort, et que ce signalement pourrait servir à l'officier en prenant le costume que portait habituellement le défunt, et en faisant quelques changemens aux habitudes de son successeur. Mais il était à craindre que la police locale, en visant ce passe-port au moment du départ, ne biffât ce second signalement comme superflu.

L'officier se fit fort d'aplanir cette difficulté, et il comptait tout bas pour cela sur l'appui du conseiller de régence. Aussi, dès ce moment, se décida-t-il à faire le soir même à son protecteur la confidence du projet, passablement fou, dont il voulait à tout prix tenter l'exécution.

On se quitta, en se donnant rendez-vous pour le lendemain, et fixant le départ au jour d'après.

Le soir, M. Fernow apprit tout de la bouche de son protégé. Dans le premier étonnement, il s'écria qu'une semblable folie n'avait pu germer que dans une tête française, et d'abord il la combattit; mais il se rendit bientôt à la solidité de ce raisonnement que lui fit l'officier :

— Vous m'avez, bien malgré vous, livré à la gendarmerie. Sous peu de jours je serai traité comme prisonnier, et, comme tel, reconduit en Russie. Si mon plan d'évasion ne réussit pas, où me conduira-t-on? en Russie également. Eh bien ! j'aurai du moins tenté de me soustraire à l'esclavage, et fait quelque chose pour offrir encore une fois à mon pays l'appui de mon bras.

L'excellent M. Fernow l'embrassa tendrement, et lui promit de l'aider; et premièrement il se chargea de l'affaire du passe-port.

Une seule chose l'arrêtait encore : — Si le Génois était un traître?

— Je lui percerais le cœur, et me tuerais ensuite. Au point où j'en suis, je dois être prêt à faire le sacrifice de ma vie.

M. Fernow sortit.

Le lendemain, l'officier eut plusieurs entrevues avec son homme. A la dernière, il apprit que le passe-port avait été rendu sans aucun changement ; ce qu'il attribua à l'obligeante intervention du conseiller de régence. Presque en même temps il reçut la dépouille de son prédécesseur, qu'il essaya, et qui se trouva lui aller tant bien que mal.

Vint ensuite M. Fernow, qui multiplia les conseils et les avis, et fit accepter à l'officier quelques fredericks d'or pour la route. On se sépara fort tard, après les protestations les plus vives et les plus sincères d'amitié de la part de M. Fernow, et de reconnaissance de la part de celui qu'il avait si noblement secouru.

Le lendemain, une heure avant le jour, pour éviter les regards indiscrets, le brillant officier d'état-major, vêtu en montagnard génois, la taille courbée, le visage barbouillé de suie, ayant à la main un long bâton, et muni d'une flûte et d'un tambour de basque, sortait de Gumbinnen, marchant derrière son ours et son maître, et se recommandant à la divine Providence.

Il avait été convenu entre les deux associés qu'on éviterait les grandes villes et les points de réunion des armées alliées. Par suite de ce plan assez sage, on tourna Kœnigsberg, Berlin, et plusieurs autres cités, ne s'arrêtant pour coucher que dans des hameaux non occupés par les troupes. Il fallait seulement que dans chaque petite ville, et dans les bourgs où l'on pouvait compter sur une recette, *Pietro*, le valet génois, donnât aux paysans un échantillon de son talent sur la flûte et le tambourin. *Pietro* s'était attaché avec un soin tout particulier à prendre les manières et le ton des hommes de sa classe. On pense bien qu'il eut à dévorer plus d'un affront, à supporter plus d'une humiliation poignante; mais il était soutenu par cet amour de la liberté, inné dans le cœur de l'homme, et qu'il ressentait au plus haut degré.

Quand il craignait d'avoir à redouter l'indiscrétion de son maître, il l'enivrait, le couchait dans une auberge, et se chargeait tout seul du soin d'amuser avec l'ours la populace et les soldats e la landwehr.

Tout alla bien tant qu'ils furent loin des lieux de rassemblement des troupes ennemies : c'était plaisir de voir avec quelle aisance Pietro tendait la main pour recevoir dans son chapeau l'aumône du dernier des faquins. On ne les inquiétait que peu ou point. Mais quand ils arrivèrent à quelques lieues en arrière de Hanau et autres endroits où déjà l'ennemi en était venu plusieurs fois aux mains avec nos régimens réunis par l'empereur, et comme par enchantement, sur le pied le plus respectable, un véritable danger menaçait le pauvre fugitif. Rarement il se passait un jour sans que leurs papiers et leurs personnes ne fussent soumis à un examen scrupuleux. Souvent une police inquiète, soupçonneuse, les obligeait, malgré leurs réclamations, à rétrograder ; il fallait alors qu'ils perdissent du temps et du chemin, et se donnassent une nouvelle destination.

Tous ces inconvéniens furent surmontés avec patience et bonheur.

Un jour, de très grand matin (ils ne se trouvaient alors qu'à une très petite distance de Hanau, où ils étaient parvenus après plusieurs contremarches), on voyait à peine à se conduire, ils suivaient silencieusement, toujours en compagnie de l'ours, un chemin de traverse où ils comptaient ne point rencontrer de troupes ennemies ; un bruit soudain de chevaux parvient à leur oreille. Ils s'arrêtent, et, pour plus de sûreté, se jettent dans des buissons qui bordaient la route. Bientôt après ils voient venir vers eux les éclaireurs d'une patrouille de cavalerie légère, poussant une reconnaissance à l'heure de la diane : ils se font petits, et retiennent leur haleine. Bientôt la patrouille elle-même suivit les éclaireurs. Pietro les reconnut pour des hussards ; mais il ne distinguait point de numéro sur la sabredache. Était-ce une patrouille française ? La direction qu'elle suivait semblait l'indiquer ; mais il n'osait croire à tant de bonheur... Un énergique juron part des rangs. O bonheur ! c'est une imprécation française, et l'heureux *Pietro* va recevoir la récompense de toutes ses fatigues.

Il sort brusquement du buisson qui le dérobait à tous les regards, oubliant l'ours, dont la garde lui était alors spécialement confiée. Aussitôt le canon de vingt carabines est tourné vers lui ; on le couche en joue...

— Français ! Français ! s'écrie-t-il aussitôt. Et il demande à parler à l'officier qui commande la patrouille ; celui-ci fait quelques pas vers le survenant, et voit en même temps sortir de derrière la haie un homme mal vêtu, que suit un ours. Ni lui ni les siens ne savent que penser de cette rencontre hétéroclite.

Le commandant de la patrouille ordonne de faire halte. Sa première pensée est qu'il a affaire à des espions; il les fait entourer, et demande des explications : on les lui donne succinctement; mais comme il n'entre pas dans ses instructions de faire la conversation sur la route avec un conducteur d'ours, il ordonne à un maréchal-des-logis et à quelques hussards de s'assurer des gens et de la bête, et de les conduire en arrière, à son colonel.

C'était tout ce que demandait notre aventurier, ravi de retrouver enfin des frères d'armes, et de toucher au terme de ses maux.

Arrivé sous escorte aux premiers avant-postes, il dit quelques mots de son histoire, et montre comme preuve le brevet de son grade, qu'il avait eu le bonheur de conserver.

Le colonel l'envoie, avec l'ours et son compagnon, au général de la brigade; celui-ci l'expédie à son général de division, qui très heureusement se trouve connaître parfaitement le faux *Pietro*, et le dirige sur le grand quartier-général.

Là il se présenta, tel qu'il était, au prince de Wagram, qui lui voulait du bien, et en reçut le meilleur accueil.

On raconta quelques jours après cette histoire à l'empereur, à qui elle arracha un sourire. Il fit capitaine et membre de la Légion-d'Honneur celui qui en était le héros.

Le brave jeune homme, craignant de n'avoir pas suffisamment mérité cette double faveur, essaya de se distinguer à la prochaine affaire, et ne réussit qu'à se faire couper en deux par un boulet dans la forêt de Hanau, qui porte encore aujourd'hui les traces multipliées de l'acharnement avec lequel on s'y est battu en 1813.

MISÈRE ET BONHEUR.

Misère et Bonheur.

*

Bonne renommée
Vaut mieux que ceinture dorée.

A la paix de 1814, lorsque *nos amis les ennemis* aidèrent à replacer les Bourbons sur le trône de France, au grand étonnement de toute l'Europe, et peut-être aussi à celui des Bourbons eux-mêmes, on s'occupa, dès qu'on en eut le temps, du soin de faire rentrer dans leurs foyers les nombreux militaires de nos armées qui languissaient prisonniers en Russie, ou dans les contrées qui dépendent de ce vaste et misérable empire, depuis Riga et Mittau jusqu'à Tobolsk et Archangel.

Ceux de ces infortunés qu'on avait rassemblés dans *les gouvernemens* (1) de Kostrôma, Twer, Jaroslaw et Novogorod, comme étant les pays où l'on peut vivre à moins de frais, furent rappelés des lieux d'exil où ils végétaient misérablement, et réunis au chef-lieu. Là on fit un appel général de tous ceux qu'avaient épargnés la misère et le chagrin, et on leur apprit qu'ils allaient être dirigés par détachemens vers la France.

Ce jour-là, comme on le pense bien, fut un jour de bonheur; je l'ai pu ressentir, mais le dépeindre est impossible.

(1) Le mot *gouvernement* est là pour *préfecture*.

On fit passer les premiers tous ceux qui avaient servi comme alliés dans nos rangs, tels que les Espagnols et les Italiens; déjà les Allemands avaient été échangés particulièrement.

On n'excepta que les braves Polonais; ceux-là furent gardés le plus long-temps possible, et constamment maltraités.

Une somme de cent roubles (1) (en papier) fut comptée à chaque officier. Avec cette somme ils s'achetèrent les effets de première nécessité dont ils manquaient absolument.

Aux soldats on donna de vieilles capotes de soldats russes ramassées dans des magasins où elles avaient été mises au rebut; on y joignit un morceau de pain de seigle, une solde journalière de cinq kopecks (2); on mit les uns et les autres sur la route, et on leur souhaita un bon voyage.

(1) A peu près cent de nos francs.
(2) Le kopeck vaut un centime.

Ceux de ces braves gens dont nous allons nous occuper, et que nous avons vus jouant le vaudeville à Soligalitz, non loin des rives du Volga, n'avaient pas plus de douze cents lieues à faire pour regagner la frontière de leur patrie adorée.

Un voyage de cette importance à amener à heureuse fin avec des ressources presque nulles, présente bien quelques difficultés; mais chaque jour on se disait cent fois, pour supporter la fatigue et les privations : Je vais revoir la France et mes parens ! Cela soutient, vrai !

D'ailleurs, nous ne dirons rien de ceux à qui les forces manquèrent, et qui périrent en route... On concevra l'amertume de leurs derniers momens : mourir au moment de voir le terme de tant de maux !

Affreuse destinée !

Un convoi d'environ deux cents soldats ou sous-officiers, en tête duquel marchaient une trentaine d'officiers de tout grade, abandonna la ville de Kostrôma, chef-lieu du gouvernement de ce nom, dans les premiers jours du mois de mai de l'an 1814.

Peu de jours avant, une épaisse couche de neige couvrait encore la terre; et au moment de leur départ des promesses de moisson balançaient déjà leur tête jaunissante au souffle d'un vent chaud, qui, dans ces régions hyperboréennes, remplace presque immédiatement la brise glacée des longs hivers (1).

Ce convoi fut dirigé, par Twer, Jaroslaw, Novogorod et Narva, sur la Livonie et la Courlande, afin de rentrer en France par la Prusse et Francfort-sur-le-Mein.

Il ne lui fallut pas moins de six grands mois pour se rendre à Sarrebrück, première ville française, où ils eurent l'indicible plaisir de revoir des frères d'armes.

(1) En moins de trois mois on sème et l'on recueille dans quelques provinces de la Russie.

Alors notre beau pays était déjà presque complètement restauré ; il n'y avait en France « *qu'un Français de plus*, » et, pour l'y maintenir jusqu'à nouvel ordre, plusieurs centaines de milliers de soldats étrangers qui braquaient leurs canons sur la demeure royale des Tuileries.

Tableau charmant d'intérieur, qui dut réjouir singulièrement les cœurs ulcérés de nos échappés de la terre d'exil !

Six officiers de ce convoi, unis d'une étroite amitié, compagnons de souffrance et de gloire, avaient mis en commun, pour se soutenir en chemin, leurs espérances d'un bonheur à venir, et tout ce qu'ils possédaient d'argent et d'effets à leur usage.

Cela formait un bagage assez léger. Un d'eux, le plus économe et le plus sage, avait été chargé de la caisse. Il disait chaque matin ce qu'on avait à dépenser pour la journée, enregistrait soigneusement la dépense, et payait partout. Point de repas intermédiaires, de fantaisies d'estomac; le nécessaire, le strict nécessaire ; on mangeait pour vivre : il fallait que tous les six éprouvassent à la fois le besoin de manger, pour qu'il fût permis d'émettre le vœu d'une attaque aux provisions; et si la soif s'emparait d'un membre de la communauté, il devait, pour avoir le droit de l'étancher avec toute autre boisson que l'eau pure, attendre que les cinq autres ressentissent un désir analogue.

Tant que la caravane affamée n'avait à traverser que de chétifs villages, où l'on ne peut se procurer autre chose que du pain noir, du lait, et quelquefois un peu de beurre ou une poule, tout allait pour le mieux. Mais lorsqu'on arrivait dans quelque ville, où les objets de tentation se rencontraient presque à chaque pas, où l'on venait leur offrir de l'eau-de-vie passable, de la bière, et même du vin, nos pauvres voyageurs ressentaient bien plus vivement la misère qui les accablait. Le plus petit *extra* portait, pour plusieurs jours, la perturbation dans leurs finances. C'était cruel, mais on se dirigeait vers son pays, et l'on vivait dans l'avenir.

Ils n'étaient pas cependant sans quelques douceurs : pour très peu d'argent on pouvait se procurer du sucre et du café; et, chose qui paraîtra presque incroyable au premier coup d'œil, la soupe, faite avec ces deux précieuses denrées, formait en route la base de leur repas du matin. Quelquefois, le soir, avant de se coucher, on faisait du punch, avec du thé qu'on se procurait à vil prix dans les villes ; et l'on s'endormait sur la paille, dans une cabane de paysan russe, après avoir bu à la France ! Voici le mot de cette énigme. Le système de blocus continental qu'avait adopté Napoléon comme un puissant moyen de faire la guerre aux Anglais, avait forcé ceux-ci à porter leurs denrées coloniales en Russie;

le pays était inondé de ces produits ; partout ils y étaient à si bon compte, que les prisonniers eux-mêmes pouvaient aussi prétendre à s'en régaler.

On traversa ainsi toute la portion de la Russie comprise dans les gouvernemens que nous avons désignés plus haut, une partie de la Livonie, et toute la Courlande ; ce fut dans ce dernier pays que nos gens commencèrent à retrouver des usages plus en harmonie avec ceux de la France.

A Mittau, un des membres de l'association, mort en route, le jour même de l'arrivée, sur la charrette qui le transportait avec plusieurs de ses camarades, fut enterré honorablement aux frais des survivans. Ceux-ci se mirent, pour plusieurs jours, au pain et à l'eau, afin de se procurer un prêtre et une croix, qu'en aucun pays on n'obtient *gratis*.

La caisse de la communauté se trouva bientôt vide ou à peu près ; et cependant on n'avait à espérer aucun secours humain avant l'arrivée à Kœnigsberg, où se trouvait un commissaire français chargé de faciliter la rentrée des prisonniers.

On toucha cependant à la Prusse. Dans un petit port obscur, situé sur le Frish-Haff, on embarqua le convoi. C'était un moyen de soustraire ceux qui le composaient aux insultes des Prussiens, car ils furent souvent insultés de propos et de gestes dans ce pays, où l'on ne se pique pas de générosité envers le malheur.

Hélas! quelque bonne que soit la raison qu'on y pouvait faire valoir, doit-on jamais prodiguer l'outrage à des malheureux désarmés!

Sur le Frish-Haff, une horrible tempête, une tempête qui faillit les engloutir tous dans les abîmes de la mer, assaillit nos voyageurs; déjà ils avaient fait le sacrifice de leur vie.

La Providence les tira de ce mauvais pas.

Peu de jours après, ils entrèrent à Kœnigsberg, dans le plus déplorable état de misère et de nudité, mais toujours soutenus par cette pensée consolante : Nous allons revoir la France !

Un colonel français, portant cocarde blanche, avait été effectivement envoyé en cette ville pour assurer l'exécution des conditions du cartel d'échange. Il devait compter quelque argent à chaque prisonnier ; mais c'était une somme si légère, le secours était si faible, qu'en vérité cela ressemblait déjà à une mystification, et qu'on put, dès cette époque, avoir un avant-goût du traitement que l'on réservait à l'armée française.

Toutefois, un bruit se répandit parmi les prisonniers, bruit bien doux et qui pouvait n'avoir aucun fondement : on disait qu'un banquier de la ville, mû bien plutôt par le désir d'être utile à des infortunés que par celui d'étendre le cercle de ses relations commerciales avec la France, avançait de l'argent aux officiers qui lui en allaient demander. Un des membres de l'association des cinq se dévoua aux intérêts de tous.

Il risqua une visite au banquier philantrope.

Son costume l'embarrassait bien un peu : comment se présenter, pour emprunter de l'argent, en capote de soldat russe, avec des bottes sans semelles, un peu de cravate, et presque pas de chemise ?

Mais, encore une fois, il s'agissait de revoir la France, et il entra plein de confiance chez le banquier.

Il exposa le motif de sa visite. On l'écouta en silence, avec politesse, après l'avoir introduit dans un cabinet magnifiquement meublé; l'effroyable état de dénuement dans lequel il se trouvait n'influença en rien le flegme de l'homme de finance.

Un dialogue des plus concis s'établit entre le prêteur et l'emprunteur.

— Qui êtes-vous, monsieur?

— Officier français.

— Vous revenez de Russie?

— Oui, monsieur. Je retourne en France, et je désirerais...

— Quelle somme?

— Cent thalers (1).

— Veuillez vous asseoir à cette table.

Et le banquier montrait en même temps à l'officier son propre bureau, qu'il avait quitté à l'arrivée de celui-ci.

— Ayez la bonté d'écrire trois lettres, que vous adresserez à trois personnes connues en France, et que je me chargerai de faire parvenir. Joignez-y votre billet de la somme que vous désirez.

L'officier obéit, et présenta ensuite au

---

(1) A peu près quatre cents francs.

banquier les trois lettres ouvertes et le billet. Celui-ci les prit, les lut avec attention, les posa sur son bureau ; puis, ouvrant une caisse, il en sortit cent thalers, qu'il mit dans la main de l'officier, en lui faisant entendre que l'affaire était terminée, et qu'il lui était loisible de se retirer.

Tout fier de posséder un trésor, qu'il a depuis fait remettre à son propriétaire avec les intérêts, l'officier prit congé du banquier, après avoir fait ses remerciemens.

L'heureux succès de cette démarche aventureuse encouragea les autres membres de l'association. Deux officiers non moins dénués se présentèrent chez le flegmatique banquier, qui leur fit un accueil analogue, et les renvoya satisfaits.

On se trouva donc assez bien en espèces ; et d'abord on se procura quelques effets d'une indispensable nécessité. Cela fait, on risqua deux ou trois bons repas, quelques débauches... L'homme est toujours homme. Heureusement, on reçut promptement l'ordre de se diriger sur Berlin. Pour y arriver, on prit la diligence, on fit des provisions, et l'économie qui avait présidé jusque là aux dépenses de la communauté, céda le pas à des idées moins sages. Dès lors on ne se refusa presque rien.

A Berlin, ville de plaisir, où l'on arriva en peu de jours, on fit danser les thalers du banquier philantrope, et l'on ne se réserva que l'argent strictement nécessaire pour faire face aux dépenses approximées de Berlin à Francfort, où l'on s'attendait à trouver un agent français.

Malheureusement, nos voyageurs avaient compté *sans leurs hôtes.* Sur la route, on les étrilla si bien, qu'avant d'avoir fait la moitié du chemin ils se trouvèrent à peu près aussi pauvres qu'à leur arrivée à Kœnigsberg. Et plus de banquier complaisant !

A Hanau, forcés de renoncer à la diligence, qui leur devenait trop coûteuse, ils firent marché avec un voiturin pour se faire conduire à Francfort, en mettant pour condition première qu'ils ne paieraient qu'en arrivant.

Plus d'une fois on fut obligé de feindre des indispositions le soir, à la couchée, pour avoir le droit de se mettre au lit sans souper.

C'était le cas de songer qu'on allait revoir la patrie ; aussi y songeait-on avant de s'endormir, et cela calmait les douleurs d'estomac. Enfin on arriva à Francfort *al Mein*, le ventre et les poches vides.

Aux portes de la ville, le voiturin crut devoir s'informer de l'hôtel où l'on désirait descendre ; on lui en laissa le choix. Qu'importait, en effet, à des gens qui ne possédaient rien ?

Après quelques détours, la voiture déboucha sur une vaste place bordée de maisons magnifiques, d'hôtels garnis et d'auberges du plus grand ton. On supposait que, connaissant à peu près la situation des finances de ceux qu'il convoyait, le voiturin les descendrait à la porte de quelque modeste hôtellerie. Point. Le bourreau, se faisant peut-être un jeu de leur embarras, enfila sans hésiter la porte de la plus belle auberge de Francfort.

Dix valets s'empressèrent aussitôt autour d'eux; les uns tendaient la main pour les aider à descendre, tandis que d'autres s'informaient du lieu où étaient placés leurs bagages. Comme ces questions leur étaient faites en allemand, ils feignirent de ne les point comprendre.

En entrant, ils demandèrent une chambre, deux tout au plus, bien décidés à se mettre, s'il le fallait, jusqu'à trois dans un même lit.

A peine avait-on satisfait à leur désir qu'on vint les prévenir que le souper était servi à table d'hôte.

Ils se seraient volontiers contentés d'un morceau de pain et de fromage; mais, après l'appel fait de ce qui pouvait leur rester d'argent, on ne trouva pas de quoi satisfaire à cette modeste dépense.

On se disposa donc à se mettre bravement à table, en se tenant prêt à tout évènement.

Mais voilà qu'au moment où l'on allait descendre, on vit entrer le voiturin, tenant à la main une longue pancarte où le traître avait fidèlement inscrit les avances qu'il avait faites en route. On fut atterré, en apprenant qu'il voulait repartir le même soir, afin d'aller coucher dans un village où il dépenserait, disait-il, pour lui et ses chevaux, beaucoup moins qu'à Francfort.

On le pria, on le supplia de changer de résolution; d'abord il fut inébranlable, mais il céda à la promesse d'une indemnité. C'était là tout ce qu'il voulait, car il avait généreusement spéculé sur la misère de ses débiteurs.

Il fut donc ajourné au lendemain. On descendit, et l'on se mit à table, où déjà grand nombre de convives avaient pris place. Au centre était un monsieur qu'on paraissait entourer de quelques égards, contre l'usage des tables d'hôte, où règne habituellement l'égalité la plus parfaite.

Un de nos voyageurs s'enquit de la qualité de ce monsieur, dont les manières étaient engageantes. O fortune! c'était précisément l'envoyé de France, et l'on apprit qu'il logeait dans l'hôtel!

Le souper fut trouvé excellent par nos cinq pauvres diables; les morceaux passaient avec une facilité surprenante. Mais ce n'était pas tout; il fallait encore s'aboucher avec monsieur l'envoyé.

Au dessert, au moment où quelques personnes avaient déjà quitté la table, le plus hardi de la bande osa s'approcher du diplomate, en s'annonçant comme compatriote, et revenant des prisons de Russie.

L'envoyé se conduisit à merveille : il s'attendrit sur des malheurs qui n'étaient, hélas ! que trop réels, et fit venir du champagne. Entre deux santés, on s'aventura à parler de la difficulté qu'on éprouvait à rentrer en France. On risqua des demi-confidences ; on fit de la sensibilité, et l'on termina par la demande d'une entrevue particulière qui fut fixée au lendemain, à l'heure du déjeûner, chez monsieur l'envoyé.

Toute la nuit on ne fit qu'un somme, et ce fut le tour des songes qui sortent par la porte d'ivoire.

A onze heures du matin on était installé, le lendemain, chez l'envoyé, autour d'une table élégamment et abondamment servie ; et l'on faisait, le verre à la main, l'aveu de sa détresse.

M. l'envoyé n'avait pas le cœur dur; il comprit ce qu'on lui voulait : cinquante napoléons furent mis sur la table, en échange d'un reçu que donnèrent en commun nos hommes de l'exil.

On le remercia avec effusion. Le voiturin fut payé.

Et dès le lendemain, les cinq amis faisaient route pour la France, où ils arrivèrent bientôt, en passant par Mayence et Sarrebrück.

MARIE TÊTE-DE-BOIS.

Marie Tête-de-Bois.

*

J'ai fait plus que maint duc et pair
Pour mon pays que j'aime.

— Que je ne sois pas belle, c'est possible ; mais j'ai celui de pouvoir me vanter d'être fille, femme, mère et veuve de troupier !

Celle qui faisait cette réponse à tous les hommes qui l'accusaient assez peu galamment, mais non sans beaucoup de raison, d'être laide à faire peur, a montré pendant quarante ans plus de véritable grandeur d'âme et de générosité que beaucoup d'illustres personnages qui, à l'époque où elle mourut avec honneur, faisaient sonner bien haut *leur dévouement.*

Elle aussi, Marie Tête-de-Bois, était une femme dévouée ; mais elle était dévouée à la France, et point du tout à ses intérêts particuliers. Aussi vécut-elle honorée, et mourut-elle regrettée : deux résultats que n'ont point obtenus tous ceux qui, de son vivant, la regardaient en pitié, et se bouchaient le nez à son approche.

Marie Tête-de-Bois était une cantinière, non point de ces cantinières petites-maîtresses qui ont une voiture et un cheval, qui changent de linge et de robe, qui font leur étape commodément assises sur une charrette, à l'abri de la pluie et du vent. Non. Marie allait à pied comme ses pratiques; comme nos fantassins, elle chaussait la guêtre et le soulier *à paillettes*. Marie sentait l'eau-de-vie, l'ail, la pipe, tout ce qu'il est possible de sentir au régiment, en route, par le chaud, le froid, le bon ou le mauvais temps.

Quand Marie parlait, pour être bien certain que les paroles qu'elle faisait entendre émanaient d'une bouche de femme, il fallait absolument avoir les yeux fixés sur son modeste cotillon de grosse laine à mille raies. Sans cette précaution, on aurait cru entendre un dragon *mal embouché*.

La figure de Marie ressemblait assez bien à une de ces vieilles têtes à perruque que l'on voit encore chez les barbiers de village, et dont on aurait à dessein abrégé le nez et élargi la bouche. Sur ma parole, elle était à faire reculer.

De là son nom de guerre de *Marie Tête-de-Bois*.

Il fallait, pour que Marie songeât à la propreté, que presque toujours elle perdait de vue, qu'un consommateur lui fît remarquer par hasard, au moment où elle versait la goutte, pendant une halte, ou au bivouac, le matin à l'heure de la diane, que l'unique petit verre qu'elle employât pour son commerce, portait la trace visible de la négligence des pratiques qu'elle avait servies précédemment. Alors, et seulement alors, Marie plongeait les quatre doigts et le pouce dans le verre, et leur imprimait un mouvement de rotation plusieurs fois renouvelé, qui avait pour objet de le rendre parfaitement propre et net.

Marie, quand la mort vint la frapper (nous verrons bientôt où et comment), avait cinquante ans d'âge; elle comptait dix-sept campagnes.

On ne l'entendit jamais se vanter d'avoir été jolie. Elle ne se souvenait pas d'avoir possédé la principale des qualités qu'on exige d'une rosière ; aussi Marie était-elle sur le chapitre de la vertu d'un pyrrhonisme outré : elle croyait aux fruits, mais point du tout aux fleurs. C'était chez elle un système arrêté.

Lui demandait-on où elle avait eu la douleur de perdre ce que personne au régiment, de mémoire de chevronnier, n'osait se vanter d'avoir connu ? Marie haussait les épaules, et traitait de conscrit quiconque la mettait sur ce chapitre, fût-ce le doyen des sapeurs du corps.

On racontait de Marie une singulière aventure.

A Marengo, le soir, après la bataille (elle était alors enceinte de neuf mois moins quelques jours), elle fut surprise par les douleurs au moment où elle soufflait avec beaucoup d'ardeur un feu de bivouac, très probablement fait avec du bois vert. Ses efforts pour allumer ce feu réfractaire étaient inouïs ;

Marie, toute à son affaire, ne s'aperçut point de certaine mutation qui s'opérait... Un grenadier, qui passait alors, croyant ouïr un bruit singulier, lui cria : — Marie, vous avez laissé tomber quelque chose...

Et, en effet, l'effectif de l'armée venait de s'augmenter d'un marmot, dont la naissance intéressait toute la demi-brigade.

Marie était née à l'Hôtel des Invalides, bien avant la révolution. Son père, qui était aveugle, y occupait une place ; et l'on doit supposer que ce fut à la cécité de l'auteur de ses jours qu'elle dut la connaissance anticipée d'une foule de choses que les femmes n'apprennent guère qu'après l'âge de raison.

Elle fit ses premières armes à l'armée de Sambre-et-Meuse. S'ennuyant de donner, comme elle le disait dans son langage énergique, *la becquée* à son vieux père, elle avait pris sa volée sous la protection d'un tambour, qui se flattait d'avoir eu l'honneur de faire marcher au pas les Gardes-françaises.

Ce n'était pas que Marie fût ingrate. Elle avait le cœur excellent, et, tant que son père vécut, elle lui fit tenir le fruit de ses épargnes ; mais *à l'Hôtel* elle était tenue de trop près. Se sentant née pour l'indépendance, elle laissa à sa mère, blanchisseuse de fin, le soin d'assister dans ses besoins l'auteur de ses jours.

Marie guida bien plutôt qu'elle ne suivit nos soldats dans les diverses contrées où nous portâmes la gloire de nos armes. Toujours on la voyait à la tête du régiment qu'elle avait adopté. Sa place, un jour de bataille, était au poste le plus périlleux : Marie ne croyait pas plus au danger qu'à la vertu. Un biscaïen prussien ou anglais devait la détromper à Waterloo.

Elle avait vu vingt fois au moins se renouveler la demi-brigade d'infanterie légère *où elle servait*, car Marie savait faire le coup de fusil, « et *repasser* un coup de seconde. »

Jamais l'ennemi ne l'avait touchée : c'était là un honneur qui ne devait appartenir qu'à nos intrépides grenadiers.

Marie méprisait souverainement celles de ses compagnes qui, dans les courts intervalles de paix que Napoléon laissait à l'Europe, se respectaient assez peu pour exercer le métier de sa mère (celui de blanchisseuse). Elle avait coutume de dire qu'elle aurait cru déroger en touchant une chemise de soldat dans laquelle n'eût pas été enveloppé le soldat lui-même.

Marie n'eut jamais qu'un époux en titre ; elle se l'était donné à Vérone, pendant la campagne de 1805. Ce mortel fortuné, qui dut trouver que son épouse avait raison de ne pas croire à l'existence du bijou dont Jeanne d'Arc avait le droit de se montrer si fière, était simple grenadier, et n'avait jamais voulu d'autre distinction ; à la vérité, ce fut là son unique point de ressemblance avec Latour-d'Auvergne. Passionnément épris de la marchandise que débitait son épouse, il était sa meilleure pratique, et son ambition se bornait à pouvoir s'enivrer quand Marie le lui permettait. Tel était l'empire que celle-ci exerçait sur ce digne homme, que, bien que féroce avec ses camarades, et fort courageux devant les Autrichiens, il était avec Marie d'une douceur d'ange. Quand il l'épousa, l'on ne vit pas celle-ci changer de nom ; au contraire, il prit celui de sa femme. On l'appelait très sérieusement *Monsieur Marie*.

Le résultat de cette union si tendre, mais dont la consécration n'eut jamais rien d'officiel, fut le petit brave du bivouac de Marengo dont j'ai parlé, et qui se fit tambour. A dix ans, il menaçait son père de ses baguettes, et remboursait à sa mère bien-aimée une partie des coups que celle-ci distribuait généreusement à son époux alors qu'il était *pompette*.

A quinze ans il reçut un fusil d'honneur; à vingt, un brevet de sous-lieutenant l'avait récompensé d'une belle action; et dès lors, revenant à de meilleurs sentimens, il partageait, quand le commerce n'allait pas, sa solde avec sa mère, et remplissait son tonnelet s'il arrivait qu'elle n'eût pas de quoi faire ses achats de liquide.

Un jour, *Monsieur Marie* eut la maladresse de se faire tuer : c'était à Montmirail, en 1814. Il y avait déjà long-temps que Marie avait perdu son père et sa vieille mère. Un coup plus terrible encore devait lui être porté par le sort. Son fils succomba sous les murs de Paris dans la même année : un boulet fit deux parts de l'infortuné.

Marie fut atterrée. Informée à temps de cette perte affreuse, au moment où elle distribuait de l'eau-de-vie à nos guerriers trahis, sur les hauteurs de Montmartre, elle vint à l'endroit où son fils avait reçu le coup de la mort, le chercha, en trouva les morceaux, et les chargea sur ses épaules, dans l'intention de les porter jusqu'à la plus prochaine église, pour leur procurer la sépulture.

En route, elle est atteinte d'un coup de feu dans la partie postérieure de sa personne : elle reste sur la place. Par bonheur, quelques soldats la voient et la transportent avec sa relique à l'ambulance voisine.

Elle guérit.

Depuis, Marie, qui n'était pas fière, montrait au premier venu, et sans même en être priée, la place où se trouvait la cicatrice du coup qu'elle avait reçu.

La France était restaurée, et Marie ruinée par la paix. Privée de ressources, il lui fallut surmonter l'aversion qu'elle éprouvait pour le métier de blanchisseuse; mais, pour ne pas renoncer tout-à-fait à son ancienne clientelle, elle s'établit dans le voisinage d'une des casernes de la capitale.

L'empereur revint de l'île d'Elbe. Marie vendit ses fers, ceignit de nouveau le tonnelet, et partit à pied pour Lille, où se trouvait un général de la vieille garde, qui mettait au rang de ses plus beaux exploits le courage qu'il avait eu jadis de s'oublier quelques instans avec *la Tête-de-Bois*.

Elle reçut une patente de cantinière, et fut attachée à la garde, où on lui fit un accueil digne d'elle.

Marie avait recouvré toute la verdeur de son jeune temps; elle était triomphante, et portait avec un noble orgueil son petit tonneau tricolore.

La fortune cependant devait aussi la trahir!

A Fleurus, au fort de la mêlée, elle fut renversée et foulée aux pieds par un escadron de dragons anglais qui fuyait devant nos housards. C'est qu'aussi Marie n'avait pas la coutume de se tenir aux équipages.

Elle se fit panser, bassiner ; elle montra son postérieur blessé à toute la vieille garde, et ne s'en trouva pas moins, le 18 au matin, sur le champ de bataille de Waterloo.

Dès le commencement de l'affaire, elle eut le pressentiment de notre défaite, et le dit même à plusieurs de nos braves, mais tout bas, pour ne pas effrayer les faibles.

Dans l'après-midi, sentant bien qu'il n'y aurait pas long-temps de l'eau-de-vie à distribuer à des malheureux qu'on trahissait, elle chercha à voir l'empereur, et, quand elle se fut donné ce plaisir, elle ne songea plus qu'à se faire tuer.

Vers les sept heures et demie du soir, Marie était au milieu d'un des carrés de la garde, distribuant *gratis* des petits verres et des consolations aux blessés, qui se trouvaient dès ce moment en trop grand nombre pour qu'il fût possible de les emporter.

A huit heures, quand des voix françaises crièrent Sauve qui peut! Marie, décidée à ne pas survivre à tant d'actions honteuses, appela la mort : elle vint.

Un biscaïen, qui la prit en flanc, traversa son tonnelet et son corps.

Elle tomba, en criant : *Vive la France!*

Cinq minutes après, comme elle se traînait à terre pour arriver jusqu'à un grenadier mort, dont elle voulait se faire un oreiller, une balle perdue, qui avait passé entre les jambes des trois rangs, vint la frapper au visage, et la défigura horriblement.

Elle cria : *Vive l'Empereur!*

Un grenadier blessé mortellement, celui dont elle voulait se servir, et qu'elle avait cru mort, se souleva péniblement, et lui dit :

— Marie, vous n'êtes pas belle comme ça....

Marie lui répondit, en tâchant de sourire :

— C'est possible; mais j'ai celui de pouvoir me vanter d'être fille, femme, mère et veuve de troupier!

Et elle expira.

LES FRÁNÇAIS
DEVANT ANVERS.

1832.

Les Français devant Anvers

EN 1832.

*

Entrée en Belgique.

*

Une belle, une bonne armée, homogène ou non, est entrée en Belgique, le 15 de ce mois. Le 20, elle occupait des positions préalables depuis la route de Bréda jusqu'à Grammont et Audenarde ; pendant qu'une cinquième division dite de réserve se formait, à Valenciennes, Lille et Maubeuge, des compagnies d'élite du quatrième bataillon de chacun des régimens en ligne. En même temps, le parc de siége débarquait à Boom, à moins de trois lieues d'Anvers, et les administrations, les ambulances, s'établissaient, non sans quelque peine, en arrière de la ligne d'attaque. A la même époque, un commissaire anglais, M. le colonel Caradoc, arrivait au quartier-général français, et s'y établissait pour la durée du siége.

Pendant les huit premiers jours, avant qu'un service de distributions régulières ait pu s'organiser, les troupes se sont assises à la table de l'habitant. Un changement subit qui n'était pas partout favorable à la santé s'est opéré dans leur régime hygiénique. En cuisine, on en est encore en Belgique à l'enfance de l'art. Immense est la distance qui sépare l'office des frères Provençaux de celle d'un noble Flamand ou Brabançon. Par bonheur ; peu de nos soldats pouvaient constater la différence; mais un gastronome appelé à prononcer n'hésiterait pas à donner le pas sur la meilleure table belge au plus modeste ordinaire d'officiers français en garnison.

La pomme de terre, base immuable de tous les repas, n'y affecte pas les formes élégantes, les déguisemens ingénieux sous lesquels elle se cache pour arriver chez nous jusqu'à la table du riche : elle s'y montre nue, parée de ses seuls attraits, simplement escortée d'une saucière de beurre fondu dans laquelle une main perfide ne manque jamais d'ajouter un filet de vinaigre. Après le potage, qui n'est qu'un brouet clair dans le goût de Lacédémone, où le coup d'œil instigateur du Français affamé cherche vainement une croûte de pain, mais où nagent des feuilles de laurier et quelques grains de riz scrupuleusement comptés par la cuisinière, arrive la *carbonade*, espèce de bifsteck dégénéré, abâtardi, méconnaissable, que nos soldats comparent élégamment à un talon de botte dégagé de son fer, ou de ses clous; puis un légume cuit à l'eau, puis un rôti flanqué de pruneaux, rôti perfide qui ne sort des serres de la *mœder* (lisez *la moutre*, c'est-à-dire la mère) que torréfié, réduit à l'état complet de dessiccation: Ces agréables repas, dont la composition varie peu ou point, sont arrosés de bière brune ou blanche, quelquefois d'un peu de vin mesuré dans des verres à eau-de-vie, et se terminent par de fort bon beurre et par un morceau de fromage *de Hollande* servi seulement quand l'hôte ne vous frustre pas, par une économie bien entendue qu'il décore du prétexte sacré de patriotisme.

Dans les maisons où a pénétré la civilisation, où il y a progrès: le café, qu'un gourmet traiterait d'eau teinte, et dont un indigène avale impunément jusqu'à dix tasses, paraît sous la protection d'un sucrier rempli d'assez beau sucre; mais, dans les maisons où l'on tient à la nationalité, force est au consommateur de se contenter d'une cassonnade brune que sans doute on emploie afin de donner un goût quelconque à l'hypocrène de Voltaire. Après le café, les verres, qui s'étaient faits petits pour le vin, reprennent des dimensions plus que raisonnables pour le genièvre, et pour ce quelque chose qu'on appelle « eau-de-vie de France, » même depuis notre seconde entrée en Belgique, et à la face de cinquante mille gosiers connaisseurs.

N'en déplaise à quelques assertions de parti, l'accueil qu'on a fait en général à notre armée a été amical. A Enghien, petite ville que Son Altesse Royale le duc d'Orléans n'a fait que traverser avec l'avant-garde qu'il commande, on avait préparé des rafraîchissemens pour la troupe; et bon nombre d'habitans, renchérissant sur la générosité municipale, qui avait fait défoncer une vingtaine de tonnes de *porter*, et préparer des tartines par milliers, s'apprêtaient à offrir à nos soldats, avec l'hospitalité qui caractérise le Belge, une certaine quantité de bière chaude, pour les remettre de leurs fatigues. De la bière chaude! attention délicate, et qui doit être comptée aux bons habitans d'Enghien. Quel dommage qu'on ait laissé refroidir leur zèle et leur bière!

Et à propos des *tartines*, n'oublions pas la mention honorable qui leur est due : elles président à tous les repas, même à celui du matin, où le café règne en partage avec le lait; préparées aussi minces que possible, elles sont englouties, sans compter, par tout le monde, indigènes ou exotiques; c'est encore à la *mœder* qu'est laissé le soin de les tailler. On excite au plus haut point la surprise de cette dernière, alors qu'on se permet de couper le pain autrement que par tartines; vous la voyez se signer, se répandre en exclamations quand on attaque un morceau de pain qui n'a pas été préalablement beurré ; la vue d'un croûton mangé tout sec la ferait évanouir.

Maintenant, les distributions ont remplacé la cuisine belge, et l'hospitalité se borne, de la part de l'habitant, « à la place au feu et à la chandelle, » et à un lit rarement bon. C'est que déjà en Belgique on vous place dans une espèce de tombeau, garni d'un seul matelas ou d'un lit de plume que recouvrent deux couvertures dont les proportions ne sont jamais en harmonie avec celles de la couchette. Hélas ! c'est bien pire un peu plus loin : deux espèces d'édredons, toujours plus étroits que le bois de lit, et auxquels on a cousu des draps grands comme des serviettes, composent tout le coucher. On a vu des braves étendus là-dedans regretter sérieusement la paille du bivouac.

L'intarissable gaieté de nos soldats, leur singulière activité, la facilité avec laquelle ils se façonnent à des usages nouveaux pour eux, le courage sans efforts qui les porte à supporter en plaisantant les fatigues et les privations, tout cela ne cesse d'étonner nos alliés. A peine arrivés, il leur a fallu aider l'artillerie et le génie dans leurs travaux; ils l'ont fait avec joie; et malheur à ceux qui montraient de la maladresse! vous les voyiez aussitôt en butte aux plaisanteries des loustics de régiment. Les fascines, les gabions sortent de leurs mains sans donner lieu à réclamations de la part des juges compétens; on dirait qu'ils n'ont jamais fait que cela. Ce n'est que depuis peu de jours qu'on sait que ces travaux seront payés; le zèle ne s'en est point accru. Le gouvernement belge avait promis, dit-on, deux cent mille fascines au maréchal Gérard, il s'en est trouvé à peine vingt mille de confectionnées : le reste s'est fait au bruit des chants de *la Parisienne* et de *la Marseillaise.*

Au moment où j'écris ceci, l'ouverture de la tranchée n'a point encore eu lieu; les travaux du siége sont l'objet de toutes les conversations. Les anciens racontent ce qu'ils ont vu, ce qu'ils ont fait; on parle surtout beaucoup de tonneaux incendiaires qui doivent être envoyés à Chassé, invention nouvelle, et pour la mise à exécution de laquelle on a fait venir à l'armée un des professeurs de l'École d'application de Metz. On assure que l'effet doit en être terrible, et que les casemates mêmes ne seront pas à l'abri de son action destructive. Depuis quelques jours, les troupes prennent position le soir, afin de se rendre de là aux postes qui leur seront assignés dès qu'on commencera le siége. Tout le monde est prêt, tous les cœurs battent d'espoir; on n'a qu'une crainte, c'est que le danger ne nous échappe par la tangente des protocoles. Dans son langage énergique, un soldat disait dernièrement : « Si l'on ne se bat » pas, j'ôte la cocarde de mon schakos, et je » la remplace par une tartine. »

Anvers, 27 novembre.

Travaux du Siege.

*

Aux lenteurs de la conférence, aux hésitations de la diplomatie a succédé un véritable état de guerre. On se fusille, on se canonne, on se bombarde, et l'*ultima ratio regum* fait résonner sa voix officielle et concluante. Deux parallèles ont été tracées autour de la citadelle en litige. Une seconde (car il n'y a pas eu de première, à cause du grand nombre d'habitations de toute espèce qui avoisinent la place, et dont Chassé n'a pas eu le temps de se débarrasser), une seconde a été tracée à quatre cents mètres, et la tranchée ouverte en une nuit, avec une intelligence, un bonheur, et surtout une audace presque sans exemple dans les fastes des siéges. Ce n'a été que le 30 novembre au matin que le vieux Chassé a pu apercevoir des Français dans tous les postes que les Belges avaient occupés jusque là, et un fossé large de six pieds sur trois de profondeur, couvrant très bien un nombre immense de travailleurs. A quelques jours de distance, une troisième parallèle a suivi la seconde; elle touche presque aux murs de la place; on a commencé les travaux de mine et de sappe sous la direction du général du génie Haxo, dont l'habileté, le sang-froid imperturbable et la longue expérience offrent de nombreuses garanties de succès. L'artillerie lutte avec le génie de savoir et de bravoure. Elle accable les assiégés d'un feu roulant de bombes, d'obus et de boulets ; déjà deux fois le feu a pris dans l'intérieur de la citadelle, où le commandant doit avoir à se multiplier, s'il veut faire face à tout et justifier sa vieille réputation.

Les journaux vous ont appris tout cela, ou à peu près, mais ils ne vous ont fourni que peu ou point de détails sur les travaux de tranchée, et je vais essayer, moi ignorant, de vous en donner une idée.

Un nombre de soldats d'infanterie, à l'avance déterminé par l'artillerie et le génie, est commandé pour ouvrir la tranchée. Des officiers supérieurs et subalternes de ces deux armes, placés sous les ordres d'un major de tranchée, lequel obéit lui-même à un officier général, dont le service doit durer vingt-quatre heures, se partagent la parallèle dans toute sa longueur ; et, répartis sur des points convenus, doivent recevoir chacun une fraction de ces travailleurs. Ceux-ci, avant d'arriver au lieu dit *le dépôt* de tranchée, se dépouillent de leur fourniment (le sabre et la giberne), quittent le schakos, se coiffent du bonnet de police, placent leur fusil en bandoulière, le bout du canon en bas, et sont munis de cinq cartouches et d'un morceau de pain. Ainsi préparés, ils arrivent au dépôt de tranchée sur deux rangs, et reçoivent du génie, le premier rang, une pelle et une pioche; et le second rang, une pelle seulement, plus une fascine ou un gabion. On les conduit alors, dans le plus grand silence, et de nuit, derrière le tracé de la parallèle; là ils font demi-tour, déposent leur arme, se tournent de nouveau vers l'ennemi, et commencent immédiatement l'ouverture de la tranchée, protégés par d'autres soldats d'infanterie qui ont conservé leurs armes, et dirigés par des sapeurs du génie. Dans une terre meuble, comme presque toutes celles que nous avons rencontrées autour de la citadelle, en moins de trois heures les travailleurs parviennent à s'enterrer. Il s'entend que la terre qu'on retire du fossé est jetée en avant, afin de former un escarpement qui, du côté de l'ennemi, augmente d'autant la profondeur du fossé.

Si Chassé, qui ce soir-là dormait sans doute, ainsi que ses sentinelles, eût veillé sur ses remparts, la mitraille aurait fait de terribles ravages dans nos rangs. Quelle que soit la valeur du soldat français, quel que soit aussi le dévouement, la profonde intelligence de ses officiers, et l'aplomb incroyable, dans le danger, du génie et de l'artillerie, il y eut quelque peu d'hésitation ou d'embarras dans le placement, sur tant de points divers, par la nuit la plus obscure et une pluie battante, de ce grand nombre de travailleurs inexpérimentés. Mais tout se passa bientôt au mieux. On travailla avec une ardeur admirable, avec une gaieté constante : les bons mots, les saillies militaires se succédaient comme les coups de pioche, mais à voix basse. En ce moment les princes se montrèrent dans la tranchée, ainsi que le maréchal Gérard. Leur présence ajouta singulièrement à la satisfaction générale ; elle produisit un effet prodigieux; toutefois, par égard pour la vérité, qu'il faut respecter avant tout, je ne dirai pas, comme un journal, qu'ils furent reçus « *au bruit des plus vives acclamations*, » attendu qu'on ne pousse pas de cris de joie dans un lieu où il est pour ainsi dire recommandé de retenir son souffle.

Une partie des régimens, spécialement chargés des attaques, campe dans un rayon très rapproché de la citadelle ; un autre occupe, à poste fixe, les villages en arrière, d'où ils poussent des détachemens et fournissent des gardes jusque sous le canon de la place. Chaque régiment contribue à tour de rôle à la garde de la tranchée et aux travaux de siége, qui sont nombreux et fatigans, mais où il y a de la gloire à acquérir, ce qui établit une compensation plus que suffisante. Aux environs, la moindre bicoque est encombrée de soldats, qui luttent là contre les rigueurs de la saison : une porté encore en place, une fenêtre garnie de la moitié de ses carreaux, un toit que le boulet n'a pas percé en plusieurs endroits, sont des objets de luxe, et qu'on s'envierait, si l'on ne savait se contenter de ce qu'on trouve. Au milieu d'un élégant boulingrin, dans un salon, veuf de ses ornemens portatifs, au pied d'une statue mutilée on a allumé un feu de bivouac qu'entourent d'énormes marmites remplies de pommes de terre, de choux-fleurs, de céleri, empruntés aux propriétaires des jardins abandonnés, et même de ces excellens choux de Bruxelles dont Chevet ne dédaigne pas de s'approvisionner. La plus grande activité, cette activité militaire, infatigable et surtout bruyante, et dont rien ne saurait donner une juste idée, se fait remarquer sur tous les points; les routes sont couvertes de détachemens de toutes les armes qui vont à leur poste ou qui en viennent; là une ordonnance, plus loin un officier d'état-major; ici de l'artillerie, ailleurs des blessés qu'on transporte aux ambulances, pour la plupart établies dans des maisons de campagne situées hors de la portée du canon, mais qui n'en portent pas moins ce cachet de demi-dévastation qu'imprime nécessairement le passage trop fréquent des troupes.

A la tranchée, aux batteries, dans les postes les plus périlleux, la chose la plus grave donne lieu à des plaisanteries; on y rit de tout, même de la manière dont un blessé vient d'être atteint; ce qui n'empêche pas d'improviser promptement pour lui des secours et des moyens de transport. Dans les camps, le dédain de la vie le plus prononcé pour soi-même, et la bienveillance la plus humaine pour les autres, ne cessent de marcher de front.

Du côté d'Anvers, et surtout dans l'intérieur de cette ville, on voit moins de physionomies riantes ; l'aspect de cette opulente cité est morne, silencieux ; à peine quelques établissemens publics sont-ils ouverts encore. Le positif du commerçant s'accommode mal des rêves de la gloire militaire ; et, d'ailleurs, il est déjà tombé en ville des bombes et des boulets, partis de nos batteries, qui ont tué quelques Anversois, malgré les précautions de la diplomatie et celles de nos artilleurs.

Un spectacle admirable se déploie, le soir, aux yeux de ceux de nos avant-postes qui gardent la digue établie sur la rive droite de l'Escaut : tout le port, où sont embossées les canonnières hollandaises, la plus grande partie de la ville avec ses grands édifices et ses clochers nombreux ; la citadelle, au milieu de laquelle flotte, au bout d'un long bâton

de pavillon, un énorme drapeau hollandais;
le fleuve dans toute sa majesté; et sur sa rive
gauche, la Tête-de-Flandres, avec ses batteries; tout cela est éclairé par les bombes et
les obus qui se croisent à sillons pressés. Par
intervalles, quand les batteries françaises et
celles de la citadelle font feu en même temps,
et que la fusillade s'engage entre nos travailleurs et les soldats de Chassé, embusqués sur
les remparts, le coup-d'œil devient plus étonnant encore, et l'atmosphère se montre alors
presque partout embrasée. Puis un silence
de quelques minutes succède à ce fracas de
guerre, et la plus profonde obscurité recommence à régner pour disparaître instantanément sous des jets nombreux de flamme et de
feu.

9 Décembre 1832.

Une Promenade dans la Tranchée.

*

Vous qui cherchez des émotions vives, dont la curiosité s'est émoussée au mélodrame, au mimodrame, et même aux tableaux repoussans du drame moderne, entrez un instant avec moi dans la tranchée ; il y a place pour vous, on se serrera. Mais je dois vous en prévenir, le spectacle dure vingt-quatre heures (1); cela

(1) On relève la garde de tranchée tous les jours. Les travailleurs n'y restent que douze heures.

pourra vous paraître long. Là, ce n'est pas comme au boulevard du Temple,

> Où les morts de la veille
> Servent le lendemain.

Plus d'un glorieux spectateur y attendra la trompette du jugement dernier, et l'on ne sait pas même bien précisément quand l'obstiné commandant de la citadelle ordonnera de baisser le rideau. N'importe, on ne doit pas s'effrayer de la longueur de l'action; lorsqu'on a vu la *République*, *l'Empire* et *les Cent jours* resserrés dans le cadre du Cirque-Olympique, et les majestueux évènemens de ces grandes époques se faisant petits pour pouvoir se mettre à la portée de l'époque actuelle.

Nous débouchons par le village de Saint-Laurent, non loin de la fameuse lunette de ce nom, actuellement au pouvoir des assiégeans, en laissant à notre gauche Berchem, où est établi l'état-major de l'armée. Avant d'entrer, nous passons devant une assez jolie église, placée sous l'invocation du saint qui mourut sur des charbons, *ad majorem Dei gloriam*. Et pour charmer l'ennui de la route, il faut que je vous dise un mot du vénérable desservant de ce modeste temple, qu'on a converti en une ambulance, également, si je ne me trompe, à la plus grande gloire de Dieu; car Dieu doit voir avec joie les soins empressés que des chirurgiens de l'armée y prodiguent aux malheureux blessés, tout chauds encore du feu des combats.

Le curé de Saint-Laurent donc, qui n'a pas eu un seul instant la pensée de déserter son poste, le partage au contraire glorieusement avec nos hommes de l'art; et ce n'est pas sans s'exposer au martyre, car bon nombre de boulets et de bombes ont porté jusque là. La *Chronique anversoise* prétend même qu'un drapeau noir, placé sur le sommet de l'édifice, et distinctement aperçu des pointeurs hollandais, n'a pas empêché ces ennemis peu géne reux de diriger un feu meurtrier vers cet asile sacré de la religion et du malheur. Dès le commencement du siége, quand on conçut l'idée, qui fut aussitôt exécutée, de changer la destination de l'église, le bon curé se crut en droit de tenter, par tous les moyens, d'appeler quelques âmes à Dieu. Je dois dire en historien fidèle que sa piété, si digne d'éloges, vint échouer presque complètement contre le scepticisme irréfléchi des premiers blessés qui furent installés dans la sacristie. Il ne se rebuta pas, le bon prêtre; s'approchant pieusement de ceux qu'il voyait près de rendre l'âme, il redoublait d'onction et d'éloquence. Mais, hélas ! la violence des douleurs, cette idée de destruction qui se présentait hideuse à nos braves, n'intimidait presque personne. Il recourut alors aux conseils des chirurgiens présens; ceux-ci, qui connaissent le terrain, ne surent trop que lui dire. L'homme de Dieu fut subitement éclairé par un rayon d'en-haut : sachant que l'eau-de-vie était sévèrement interdite aux blessés, et voulant à toute force se faire écouter, il fit promptement acheter de ses deniers une assez grande quantité de cigarres et de tabac à fumer. Fort de ses louables intentions, il revint auprès des récalcitrans; et, accompagnant très heureusement la parole évangélique de l'offre adroite d'un cigarre ou d'un peu de tabac, au choix du patient, il réussit, assure-t-on, au-delà de toute espérance, et ne tarda pas à compter nombre de prosélytes.

Poursuivons. Nous voici à l'entrée de la tranchée ; deux écriteaux se présentent à nos yeux; sur l'un on lit : *Parallèle vers Kiel;* sur l'autre : *Parallèle vers Montebello.* Les lecteurs sont, à l'heure qu'il est, assez au courant des opérations du siége, pour savoir comme moi que l'un de ces deux chemins conduit à la lunette de Kiel, et l'autre au fort Montebello. Prenons le premier des deux, il nous conduira, à travers des zigzag sans fin, et en appuyant constamment à droite, à la contre-garde de la lunette Saint-Laurent, dont la place d'armes est occupée par le génie et par nos soldats. Déjà l'on s'est occupé (nous sommes au 14 décembre) de la descente du fossé, et l'on en a fini avec les têtes de sape.

Mais, puisque nous sommes en promenade, il faut regarder autour de nous, et tâcher surtout de bien voir.

Le parapet, du côté de l'ennemi bien entendu, est garni d'hommes armés, dont un certain nombre veille sans cesse et doit avertir des démonstrations que pourraient faire les assiégés en dehors de leurs murailles; sur quelques points une fusillade est engagée, soit pour répondre au feu de mousqueterie de la place, soit pour dérober à l'ennemi la connaissance d'un ouvrage qu'on entreprend, d'une batterie qu'on élève ou qu'on rapproche, ou pour masquer un mouvement de troupes qui s'exécute. En quelques endroits, le terrain est bon ; mais dans d'autres, il est glaiseux, et l'on y enfonce ; plus loin, malgré la précaution qu'a prise le génie, qui veille à tout, de faire jeter des fascines en abondance, on est dans l'eau jusqu'à mi-jambe. Ici, une cantinière enrégimentée, portant le chapeau ciré, le déshabillé bleu de ciel et le pantalon garance, emblème frappant de sa pudicité, verse le genièvre à grands flots, et salue poliment chaque boulet qui passe sur sa tête. Là, des travailleurs, sans sac, sans fourniment, et le fusil en bandoulière, transportent des gabions, des sacs à terre, et des fascines qui jouent un si grand rôle dans les siéges. Succombant sous le poids de leur fardeau, ils marchent avec peine, mais courageusement : tout-à-coup le cortége est arrêté comme par enchantement : c'est le redoutable cri *gare la bombe!* qui s'est fait entendre. On se prosterne, bon gré mal gré (l'ordre en est impérieusement donné par le génie, qui partout cependant, quand il le faut, sait allier le sang-froid à l'audace); mais à quoi bon braver inutilement cette arme redoutable que nos soldats ont si heureusement surnommée *le brutal?* On se relève en riant; si quelqu'un est touché, on l'emporte en silence; il est livré aux soldats des compagnies d'administration répandus sur tous les points de la tranchée, avec des brancards; et les traces du malheur qui vient d'arriver sont aussitôt effacées.

Que fait ici ce soldat sans armes et sans mission expresse ? Deux paniers qu'il porte aux bras sont presque remplis de boulets de tout calibre, d'obus, et même de bombes. A quel usage destine-t-il cette singulière provision ? Je vous le donne en cent, en mille : un ordre du jour de l'armée accorde une prime à tout militaire qui rapportera des projectiles au grand parc d'artillerie; c'est cette prime qu'il travaille à gagner; et le produit, il le destine à secourir un frère blessé qui se trouve à l'ambulance. N'oublions pas d'ajouter que le fait est *historique.*

Ailleurs, un autre spectacle attire nos regards : un capitaine du génie, bonnet de police en tête, le cigare à la bouche, chargé, sans doute, d'une expertise des travaux, se promène gravement, comme il le ferait au milieu de la citadelle d'Arras, de Metz, ou de Montpellier. Il est suivi de deux sapeurs portant la chaîne de mesure et son graphomètre qu'il établit de distance en distance ; autour de lui pleuvent les obus, les bombettes, les grenades, et tout ce que vomit la citadelle. Impassible, un crayon à la main, il prend ses notes sans trembler pour sa tête qui souvent dépasse le parapet, selon que la tranchée a plus ou moins de profondeur, ou que l'épaulement est élevé.

Une batterie se trouve sur notre chemin: approchons-nous. Avez-vous vu l'exercice du tir, au polygone? c'est la même justesse, la même précision, le même sangfroid. Et après chaque coup tiré, l'officier qui commande la batterie monte sur le parapet pour s'assurer par ses yeux du point où le coup a porté, et s'offre comme point de mire à l'ennemi.

Nous touchons à *une tête de sape*, ou bien encore à ce qu'on appelle *la descente du fossé:* au premier de ces deux points, l'ennemi, qui s'aperçoit de l'intention des assiégeans, augmente en désespéré l'intensité de son feu : la mort arrive aux travailleurs sous vingt formes différentes; un jeune lieutenant est là, montre en main ; il a les yeux fixés sur l'aiguille: le travail, commencé à telle heure, doit être terminé pour telle autre; il presse les travailleurs, les encourage; mais sans bruit, sans prière, sans efforts. Ils savent que l'intention du général Haxo, qui est leur père à tous, est que l'ouvrage s'exécute, et il se fait.

Pour l'artillerie et le génie, l'impossible est devenu facile.

Mais voici une diversion puissante au danger : deux jeunes princes, qui font glorieusement leurs premières armes, ont paru. Le doute d'abord, et ensuite l'admiration, se lisent dans tous les regards : c'est bien là l'héritier du trône de France et son frère ! Par un mouvement machinal, les soldats portent la main à leur arme : ils voudraient, tant leur joie est grande, les porter et les présenter ; le prince fait un signe. Et, d'ailleurs, la mémoire leur revient bientôt : aux termes du règlement, on ne rend point d'honneurs dans la tranchée. Çà et là vous apercevez des officiers de différens grades qui surveillent l'exécution de la consigne et des ordres donnés; ce sont des adjudans de tranchée. Dans un rentrant, un officier-général, entouré de son état-major, se tient prêt à se porter partout où sa présence pourrait être nécessaire : c'est le général de tranchée; on lui fait de fréquens rapports qu'il transmet au maréchal. Celui-ci, par sa présence, vient souvent encourager les travailleurs et les combattans, et s'assurer de l'état des opérations. Un ordre parfait règne sur tous les points, et de tous les côtés la gaieté française aide à éloigner les idées de destruction. Dans la nuit du 10 au 11, le temps était affreux, il tombait une pluie glaciale, et l'ennemi ne ralentissait pas son feu qui nous faisait beaucoup de mal. Un officier-général vient à passer; aussitôt un voltigeur qui l'aperçoit se met à fredonner, assez haut pour être entendu, l'air des *Mystères d'Isis :*

> La vie est un voyage,
> Tâchons de l'embellir ;
> Jetons sur son passage
> Les roses du plaisir.

Anvers, 14 décembre.

La Ville et la Citadelle après le Siége.

*

Dix heures et demie sonnaient à Saint-André d'Anvers, quand le bruit se répandit subitement que la citadelle avait capitulé. Tout aussitôt la foule se précipita vers la porte de Malines, mais la foule du peuple seulement. Les citoyens, soit qu'ils refusassent de croire à la nouvelle, soit que beaucoup d'entre eux n'en ressentissent pas une joie véritable, restèrent chez eux. Peu d'instans après on sut que des parlementaires s'étaient présentés, dès six heures du matin, au quartier général, à Berchem, avec des conditions inacceptables; que d'autres avaient remplacé les premières; que M. le maréchal Gérard exigeait non sans raison que les assiégés se rendissent *à discrétion*, et qu'enfin on s'occupait de la rédaction des articles.

A deux heures après midi fut expédiée à Paris la première estafette portant la nouvelle de la capitulation ; il était près de minuit lorsque l'officier d'état-major chargé de la remise au roi de cet important traité put monter en voiture.

Cependant la certitude avait remplacé le doute en ville, et dans certains lieux on se réjouissait, pendant qu'ailleurs on maudissait (ou peu s'en faut) la bravoure des assiégeans. De nombreux paris avaient été faits: dans le commerce on spécule sur tout, et, à défaut d'autres opérations, beaucoup de négoeians avaient parié, contre le parti français, que la citadelle ne serait point rendue pour le 1er janvier. Il y avait ce jour-là bien des figures alongées, bien des orangistes qui grimaçaient le sourire et s'efforçaient de montrer une joie qu'ils ne ressentaient point. Le soir, au café de l'Empereur, où l'on dit que se rendent habituellement ces messieurs, il y eut quelques disputes, et peu s'en fallut qu'on n'en vînt aux voies de fait. L'idée d'une illumination des maisons, ou ne vint à personne, ou fut écartée; on ne vit pas un lampion; pas un drapeau ne fut arboré; pas un des militaires français qui se trouvaient en ville ne fut franchement complimenté. Partout un froid glacial, un silence équivoque. Et cependant la prise de la citadelle était un évènement qui intéressait au plus haut degré la population : quelques heures avant, riches et pauvres tremblaient pour eux; si les premiers avaient fui le danger, ils n'avaient pu emporter que des capitaux; leurs habitations, leurs magasins restaient exposés au feu de la place; un caprice de Chassé aurait pu changer les plus beaux quartiers en un monceau de ruines. N'importe, on ne se crut pas obligé à la reconnaissance; et, dès le lendemain, avant même qu'on eût pris la peine de déboucher les soupiraux des caves que recouvraient, pendant le siége, d'épaisses couches de fumier, on se hâtait de tripler, de quadrupler les prix des consommations de toute espèce, afin d'exploiter la bourse des vainqueurs, et de s'indemniser sur eux des pertes qu'avaient occasionées les Hollandais.

En vain quelques jours plus tard l'administration municipale essayait-elle de prouver sa joie officielle en sollicitant l'honneur d'être présentée au chef de l'armée française, en vain aussi faisait-on courir chez les plus riches habitans une lettre de souscription en faveur des blessés français, souscription qui restait en chemin pendant que les militaires prodiguaient des secours aux blessés de la citadelle, et protégeaient dans les rues d'Anvers, contre les insultes d'une populace ameutée, à dessein peut-être, un convoi de prisonniers de la flottille hollandaise.

Il faut le dire, nous n'avons trouvé à Anvers, et plutôt encore dans les hautes classes qu'ailleurs, que peu de sympathie pour nous. Le succès de nos armes n'a électrisé qu'un petit nombre de personnes. Toutefois les bons habitans d'Anvers qui avaient fui (et le nombre en était grand) se hâtèrent de revenir dès qu'ils purent le faire sans crainte; et si l'on ne les vit pas tendre une main amie à leur libérateur, du moins on les a pu voir se précipiter vers les abords de la citadelle pour contenter une curiosité d'enfant, et juger, avec la longue vue, des difficultés que l'armée assiégeante avait eues à surmonter pour amener Chassé à résipiscence.

N'oublions pas qu'il fut un instant question de faire tourner cette curiosité au profit de la classe indigente, en demandant un tribut aux riches curieux qui voulaient juger des coups, et qu'on fut obligé d'abandonner cette idée philantropique.

Les efforts généreux d'une ou deux feuilles publiques anversoises ne purent tirer messieurs les commerçans de leur engourdissement économique. La presse en fut là pour ses frais, comme il arrive presque toujours quand elle plaide en faveur du commun des martyrs.

Un tout autre spectacle avait lieu dans la citadelle. Le 24 décembre, des compagnies d'élite du 65e régiment, sous le commandement du colonel Arnault et du maréchal-de-camp Rulhière, après avoir traversé une partie de la ville, arrivaient sur les glacis et faisaient une halte de quelques heures pour laisser aux sapeurs le temps de réparer le pont qui conduit à la citadelle, et qu'avait cruellement maltraité le feu de notre terrible artillerie.

Ce travail achevé, le maréchal-commandant en chef entrait suivi de son état-major, et les postes étaient relevés par les troupes françaises. Peu de temps après, les troupes étant rangées en bataille, et renforcées d'un bataillon de chacun des régimens des divisions plus spécialement chargées du siége ; la garnison de la citadelle prenait les armes, en bonne tenue, sortait de la place, officiers en tête, et venait déposer les armes sur les glacis pour rentrer ensuite dans ses casemates. Les journaux français et belges ont rendu une éclatante justice à la convenance parfaite que les Français ont mise dans leurs relations avec les vaincus : une nation généreuse comprend les souffrances du brave qui dépose les armes après une défense honorable. On a cité une foule de traits qui prouvent que nos soldats, bien loin d'avoir perdu quelque chose de leur beau caractère, y ont ajouté peut-être encore pendant les loisirs de la paix. Il n'y a pas de mots pour rendre leur héroïsme réfléchi, leur véritable dévouement, et cette belle, cette noble abnégation de soi-même, si commune dans nos rangs, et qui conduit aux plus belles actions comme à une chose toute naturelle.

Il faut renoncer à dépeindre l'état dans lequel on a trouvé la citadelle : essayez de vous faire une idée de ce que pouvait être Lisbonne, après le tremblement de terre qui détruisit cette ville; ou bien encore songez au chaos, à tout ce qu'il y a d'affreux, d'horrible, à une destruction complète enfin. Tous les bâtimens d'habitation, l'église, les magasins, et jusqu'au mur d'enceinte de la poudrière, avaient disparu, ou peu s'en fallait; des batteries blindées avaient été enfoncées: pièces, blindage et canonnières; le

terrain était criblé de trous de grandeurs diverses, et l'explorateur ne pouvait faire *un
pas* sans en rencontrer au moins un.

L'intérieur des casemates, cette retraite de
la garnison, faisait bondir le cœur. L'air
qu'on y respirait, mille fois vicié, vous suf-
foquait. Il fallait se hâter de sortir.

Voici ce qu'était l'habitation particulière
du général Chassé, au moment de la prise
de la citadelle. Elle était située sous le bastion dit *du Duc*, n° 5, et avait été, sur la fin
du siége, entre les bastions de Tolède et
Pazietto ; mais, forcé par nos projectiles de
se choisir une nouvelle demeure, il avait fait
choix du bastion du Duc. On y arrivait par
un chemin souterrain tracé en zig-zag, et, de
loin en loin, éclairé par quelques chandelles.
Après avoir traversé la boulangerie et la cuisine, on entrait dans une petite pièce carrée,
servant d'antichambre. A droite se trouvait
la propre demeure, chambre du général,

blanchie à la chaux, et dont le parquet était formé par des madriers. D'un côté se trouvait le lit, garni de simples rideaux blancs, sans le moindre ornement. Au milieu de la chambre était une assez belle table en acajou; au plafond pendait une lampe à deux becs; en face du lit on avait placé un poêle. Sur les murs deux grandes cartes, une de la Belgique et l'autre de la Hollande. Enfin, au-dessus de l'une de ces deux cartes, on remarquait un portrait d'enfant. Ajoutez à cela six chaises des plus simples, et vous aurez tout vu.

Une chose reste prouvée, prouvée jusqu'à l'évidence, après cette expédition: c'est que le courage français ne manque que d'occasions pour se manifester; qu'il n'a rien perdu de son ardeur, et que nos vieux lauriers, s'il en était besoin, reverdiraient promptement à la frontière.

Avec cette assurance, on doit s'inquiéter

peu des bouderies de MM. du corps diplomatique, de la colère du czar, des finasseries du cabinet de Vienne, et des démonstrations d'estaminet de MM. les Prussiens.

FIN.

TABLE.

Dédicace... v
Expliquons-nous.. vij
Le Camp de Bruges..................................... 5
Les deux Conscrits.................................... 21
Mlada la Morlaquine................................... 37
Esquisses... 57
   Un Bivouac.. 59
   Une Affaire....................................... 68
   Une Marche forcée................................. 76
   Une Halte d'Armée................................. 83
Le Nez d'une Infidèle................................. 93

L'Alerte de Wagram........................ 107
De Venise a Moscou........................ 121
La Cour de Saxe-Mainungen................. 145
Les Chevaux du Baron...................... 163
Tablettes d'un Sous-Lieutenant............ 187
Qui passera le premier.................... 205
Le Pillage du Trésor...................... 221
Le Vaudeville sur le Volga................ 239
La Danse de l'Ours........................ 267
Misère et Bonheur......................... 295
Marie Tête-de-Bois........................ 319
Les Français devant Anvers en 1832........ 337
  Entrée en Belgique..................... 339
  Travaux du Siége....................... 349
  Une Promenade dans la Tranchée......... 357
  La Ville et la Citadelle après le Siége........ 372

FIN DE LA TABLE.

ERRATA.

Page 60, ligne 9. — Au lieu de : *Fort de Krimm* ; lisez : *De Kninn*.

Page 161, ligne 11. — Au lieu de : *Ia*; lisez : *Ya*.

Page 213, ligne 11. — Au lieu de : *Parmi eux* ; lisez *Parmi ceux*.

Page 215, ligne 8 et suiv. — Partout où il y a : *La division du général Gérard*, et le nom de cet officier-général ; lisez : *La division Fédéric*.

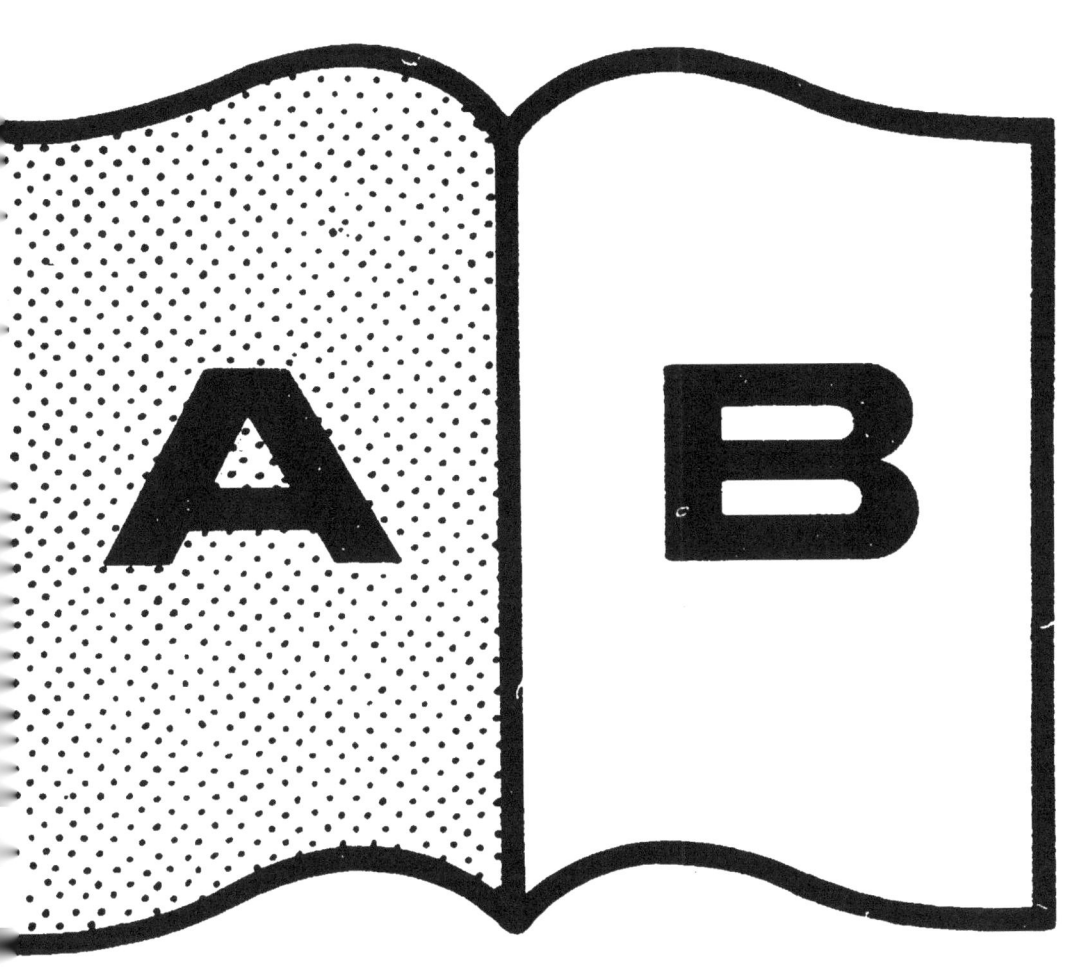

Contraste insuffisant

NF Z 43-120-14

www.ingramcontent.com/pod-product-compliance
Lightning Source LLC
Chambersburg PA
CBHW060052190426
43201CB00034B/709